未来の年表2
人口減少日本であなたに起きること

河合雅司

講談社現代新書
2475

はじめに

街は高齢者だらけ

日本が少子高齢社会にあることは、誰もが知る「常識」である。だが、自分の身の回りで、これから起きることをわかっている日本人は、いったいどれくらいいるだろうか？

日本は劇的に変わっていく。例えば、25年後の２０４３年の社会を覗いてみよう。

年間出生数は現在の４分の３の71万７０００人に減る。すでに出生届ゼロという自治体が誕生しているが、地域によっては小中学校がすべて廃校となり、災害時の避難所設営に困るところが出始める。20〜64歳の働き手世代は、２０１５年から１８１８万８０００人も減る。社員を集められないことによる廃業が相次ぎ、ベテラン社員ばかりとなった企業ではマンネリ続きで、新たなヒット商品がなかなか生まれない。

高齢化率（総人口に占める65歳以上人口の割合）は36・４％にまで進む。高齢者の数が増えるのもさることながら、80代以上の「高齢化した高齢者」で、しかも「独り暮らし」という人が多数を占める。

こうした高齢者が街中に溢れる社会とは、一体どんな様子だろうか？

いま、東京や大阪といった大都会では、ラッシュアワーには5分と待たずに電車やバスがやってくる。なぜ、そんな過密ダイヤで運行できるのかといえば、乗客の大多数が人の流れについていける「若い世代」だからだ。

たまに、車いすを使う障害者や杖をついた高齢者が、駅員の手を借りて乗降する場面に出くわす。ただ、それはあくまで少数派であり、駅員の手際よい作業でそんなに多くの待ち時間を要するわけではない。

しかし、２０４３年とは、総人口の７人に１人が80歳以上という社会だ。独り暮らしであるがゆえに否応なしに外出する機会は増えるが、若い世代の「流れ」についていける人ばかりではない。こんな過密ダイヤはとても続けられない。

80代ともなれば、動作は緩慢になり、判断力も鈍る人が増える。こうした高齢者が一度に電車やバスを利用するのだから、駅員は乗降のサポートに追われ、ダイヤ乱れなど日常茶飯事となるのだ。

新幹線や飛行機だって同じだ。現在でも空港の保安検査場に長い列ができているが、機内への移動も含め、スムーズな移動は年々期待できなくなる——。

最新データに基づく日本の将来推計人口

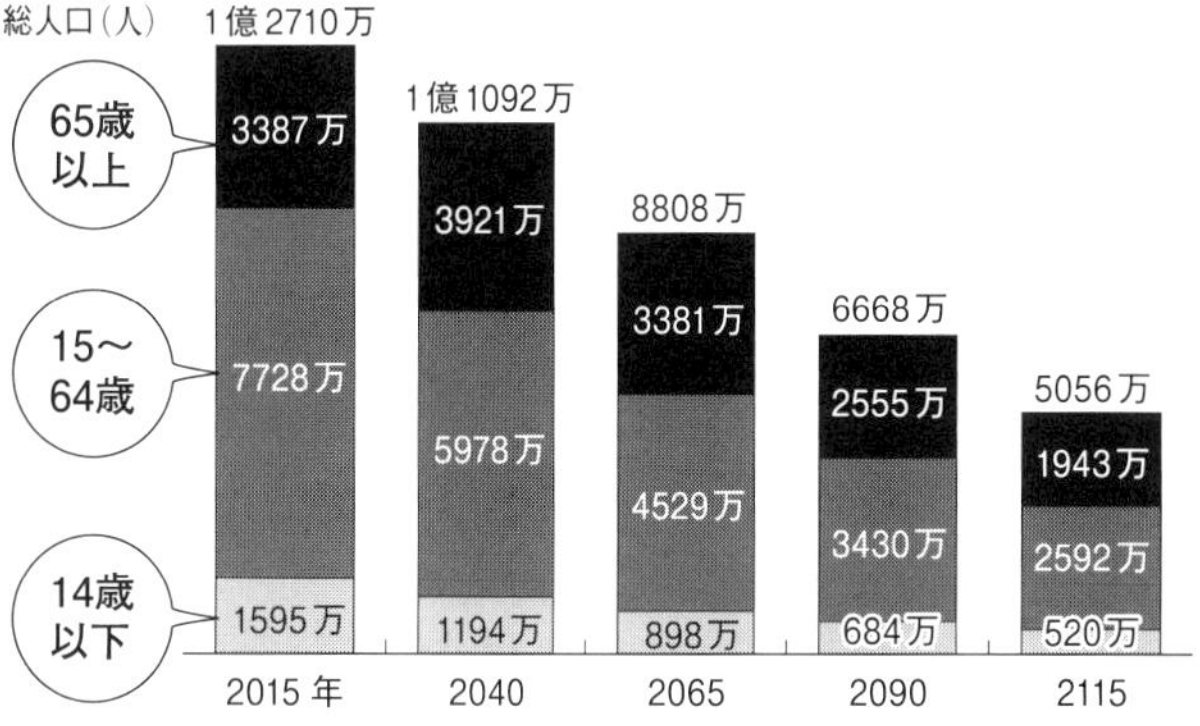

（端数の関係で合計値と一致しないことがある）
国立社会保障・人口問題研究所「日本の将来推計人口」（2017年）より

ダチョウの平和

残念ながら、本書を手に取ってくださった皆さんが生きている間は、人口減少や少子高齢化が止まらない。過去の少子化の影響で、今後は子供を産むことのできる若い女性が激減していくためだ。

人口減少のスピードは凄まじい。国立社会保障・人口問題研究所（以下、社人研）の推計によれば、２０１５年の国勢調査で約１億２７００万人を数えた総人口は、わずか40年後には９０００万人を下回り、１００年も経たずして５０００万人ほどに減少する。われわれは、極めて〝特異な時代〟を生きているのである。

ただ、こうした数字を漫然と追いかけ、社会の変化を大くくりに把握していたのでは、少子高齢化や人口減少問題の実像はつかめない。ましてや、それが自分の暮らしにどう関わってくるのかを理解できないだろう。それでは、いつまで経っても真の危機意識が醸成されないではないか。もっと、リアリティーをもって、「未来」を想像する力が求められている。

人間というのは〝不都合な真実〟に直面したとき、往々にして見て見ぬふりをするものだ。それどころか、気休めにもならない楽観的なデータをかき集めて、〝不都合な真実〟を否定しようとする人さえ出てくる。

皆さんは、「ダチョウの平和」という言葉をご存じだろうか？

危険が差し迫ると頭を穴の中に突っ込んで現実を見ないようにする様を指した比喩だ（実際のダチョウの習性とは異なるとの指摘もあるようだが）。日々の変化を把握しづらい人口減少問題こそ、この「ダチョウの平和」に陥りがちな難題である。

それは切迫感が乏しいぶん、どこか人ごととなりやすい。何から手を付けてよいのか分からず、現実逃避をしている間にも、状況は時々刻々と悪くなっていく。そして、多くの人がそれを具体的にイメージできたときには、すでに手遅れとなってしまう――。

どこかズレている

「ダチョウの平和」ですぐ思い起こすのが、他ならぬ安倍晋三首相の発言である。

２０１７年10月の総選挙に際して行った記者会見で、少子高齢化を「国難とも呼ぶべき事態」と位置づけ、突如として、増税される消費税の使途変更を宣言した。

国の舵取り役たる総理大臣の言葉は重い。首相の発言を耳にした私は、「ようやく、少子高齢化への対応に本腰で取り組むことにしたのか」と期待を抱かずにはいられなかった。

だが、それが全くの「ぬか喜び」であったことを思い知らされるのに、多くの時間を要しなかった。

安倍首相の口から続けて飛び出した対策が、幼児教育・保育、高等教育の無償化だったからである。「国難」と大上段に構えた割には、スケールがあまりに小さい。スケールの大小だけでなく、「どこかズレている」と感じた人も多かったのではないだろうか。

深刻な少子化にある日本においては、子育て世代が抱える不安を解消しなければならない。だから、教育・保育の無償化について、「全く無意味だ」などというつもりはない。

だがしかし、今後の日本社会では高齢者が激増する一方で、少子化が止まる予兆がない。このままでは勤労世代が大きく減り、社会システムが機能麻痺に陥る。日本という国自体が無くなってしまうことが懸念されるからこそ、「国難」なのである。

その対応には、ダイナミックな社会の作り替えが不可避だ。私が首相に期待したのは、人口が激減する中にあっても「豊かさ」を維持するための方策であり、国民の反発が避けられない不人気な政策に対し、真正面から理解を求める姿であった。

「具体的な変化」に置き換える

「ズレ」は、首相や議員だけでなく、イノベーション（技術革新）や技術開発の現場にも見つかる。少子高齢化に伴う勤労世代の減少対策として、人工知能（ＡＩ）やロボットなどに期待が高まっているが、開発者たちは本当に少子高齢社会の先を見据えているだろうか？

その典型が、話題の超高精細映像システム「８Ｋ」だ。鮮明な画像で楽しみたいと心待ちにする人も少なくないだろう。「８Ｋ」技術そのものに、ケチをつけるつもりは毛頭ない。むしろ、厳しい開発競争に打ち勝った技術者たちの努力には賞賛の拍手を送りたい。

ただし、超高齢社会を睨んだとき、追い求めている技術が果たして、超高精細映像システムでよいのかが疑問なのである。今後どんなにクリアな画像を実現したとしても、老眼鏡ではせっかくの性能を楽しめない。

高齢者たちが求めているのは高画質ではなく、むしろ「音」にある。耳が遠くなり、ボリュームを大きくしてテレビを見ている人は多い。聞き取りやすい小型スピーカーを搭載したテレビを安く手に入れたいという声は少なくないはずだ。

技術開発とは、社会の課題克服のためにある。ならば、開発者たちは高齢者のニーズをもっと聞くべきであろう。

「ズレ」といえば、最近普及してきたインターネット通信販売（以下、ネット通販）もそうだ。〝買い物難民〟対策の切り札の如くに語る人も少なくない。

だが、ちょっと待っていただきたい。ネット通販が本当に切り札と言えるのだろうか？

荷物を運ぶ人手は少子化に伴って減りゆく。〝買い物難民〟対策だと言って普及させればさせるほど需要が掘り起こされ、トラックドライバー不足はより深刻になる。無人のトラックが走り回る時代も遠くないとされるが、トラック自らが荷棚から個別のお届け物をより分け、重い荷物を玄関先まで運んでくれるわけではあるまい。少子高齢社会において、ネット通販が遠からず行き詰まることは簡単に想像できよう。

こうした「ズレ」をなくすには、少子高齢化や人口減少によって起こる大きな数字の変化の意味を、想像力を豊かに働かせて、あなたの身の回りに起こる「具体的な変化」に置き換えるしかない。

全く新しいアプローチで

本書は、タイトルでもお分かりのように、ベストセラーとなった前著『未来の年表 人口減少日本でこれから起きること』の続編である。今後続く私の「未来シリーズ」の第2弾という位置づけだ。

ベストセラーの続編というのは、大概が前著の余勢を駆った〝二匹目のどじょう狙い〟である。しかし、本書に限っては決して二番煎じをしようというものではない。

前著『未来の年表』において私は、少子高齢社会にあって西暦何年に何が起こるかを「人口減少カレンダー」を作成することで俯瞰《ふかん》した。こうしたアプローチは多くの読者の支持を得た。「人口減少の危機をかなり具体的にイメージできた」という感想も多く頂いた。

他方、私は限界も感じていた。前著では、少子高齢化や人口減少を、全体の姿をなかなか現さない巨大なモンスターにたとえたが、「人口減少カレンダー」だけでは、モンスターの全貌をとらえきれないと思ったのだ。

安倍首相や8Kテレビ開発者の「ズレ」も、モンスターの図体が大き過ぎるからこそ、生じたのだろう。ならば、今回は全く新しいアプローチで迫ろうと思う。

そのヒントは、読者の皆さまから頂いた。

私はかねて講演に招かれる機会が多いのだが、前著『未来の年表』を刊行して以降、その数は激増した。はるかイギリスのテレビ局をふくめ、バラエティ番組やラジオ番組、月刊誌や週刊誌などさまざまなメディアからインタビューを受ける機会も増えた。

数多くのお便りも頂戴した。その中でとりわけ多かったのが、「**自分の日常生活で何が起こるのかを教えてほしい**」というリクエストである。

ある講演会が終わったときのことだ。数年後に定年を迎えるという女性会社員に呼び止められた。そしてこう言われたのである。

「私が聞きたかったのは、政府や国会議員にならなければできない政策ではなく、自分の定年退職後にどんな社会が待っているのかということです。私たちがいま備えておくべきこと、これからできることは何なのかを知りたいと思っている人は多いはずです」

また、年配の中堅企業経営者からのお便りにはこう綴られていた。

「人口減少の深刻さはよく分かりました。企業レベルとしてもできることはあるはずです。どこから始めればよいのかを知りたい」

前述した電車やバスの乗降問題などはほんの一例だが、人口減少や少子高齢化をより正確に、より深く理解しようと思うならば、個人の身の回りで起こり得ることを、より具体的にイメージする必要がある。

少しばかり想像力を働かせてみることが、「ちょっと方向違い」な政策や商品開発を減らすことに間違いなくつながってゆく。

ギフトカタログのように

そこで本書は、あなたの身近なところで起こる変化を、より具体的にイメージするための手助けをしようと思う。

今回は、少子高齢化や人口減少が人々の暮らしにどのような形で降りかかってくるかを、あなたの生活に即しながら明らかにする。言うなれば、これからあなたに起きることを、お中元やお歳暮のギフトカタログのように一覧してみようというのだ。

もちろん、それは個人的な妄想や願望、思い込みではいけない。データや知見に基づいた精緻な予測を前提とする必要がある。

人はいろいろな顔を持って暮らしている。職場や地域社会、家庭といったどの生活シーンにおいても少子高齢化や人口減少の影響を避けられない。しかも、その人の年齢や住む場所、性別などによって、見える未来も、降りかかる影響も大きく異なることだろう。この問題を真に理解し、うまく立ち回っていくためには、さまざまなシーンを「あなた自身の問題」として具体的に置き換えなければならない。

したがって第1部では、少子高齢化や人口減少によって起きるであろうことを、家庭、職場、地域社会といったトピックスに分けてカタログ化する。若い読者にもわかりやすく内容を理解してもらうために、「人口減少カタログ」（図表）を各トピックに載せた。

前著『未来の年表』が年代順というタテ軸を用いて俯瞰したのに対し、本書は「人口減少カレンダー」で起きる出来事を「ヨコ軸」、すなわち面としての広がりをもって眺める。そうした試みによって、人口減少社会とはどんな姿なのかをより立体的に把握できると考えたからだ。

もちろん、すべての生活シーンを再現できるわけではない。「これから儲かるビジネスは何ですか？」などというストレートな質問を頂くことも少なくないが、私はジャーナリストであり、ビジネスコンサルタントやマーケットリサーチャー、ましてや予言者ではない。人口動態から社会の変化の兆しを先読みすることはできても、あまたある職種に今後起こりうることをすべて知る術を持っているわけではない。

しかし、主だった生活シーン、ビジネスシーンへの影響をデータの裏付けをもって疑似体験できるように描けたならば、それが結果として、ビジネスチャンスや個々人のライフプランづくりに役立つことになるだろう。小さな子供を持つ親御さんならば、「子供の将来」への不安も小さくないだろう。本書はそれを考えるヒントにもなる。

第2部では、個々人や会社などで「今からでも始められる対策」を中心に選択肢としてメニュー化した。

どこかズレている政治家や官僚、古い体質の企業経営者の変化を待っているだけでは、もはや遅い。地域や一般社員、個々人のレベルで「今できること」を着実に進めることが極めて重要となってきている。一人ひとりの取り組みが日本社会の価値観や〝常識〟を変え、いつか世論となり、社会ニーズとなっていく。われわれが政府や企業を動かしていかなければ、この国は衰退の道を歩み続ける。

私は少子高齢化を「静かなる有事」と名付けたが、近年の出生数の減り幅の拡大ぶりを見ると刻々と進んでいる印象だ。人口減少のスピードは思ったより速くなるかもしれない。まさにいまが日本の正念場ともいえる。

時間はさほど残されているわけではない。過去の成功体験にしがみつき、人口減少や少子高齢化対策に逆行するような愚行は許されないのである。

本書が、あなたを救う一助にならんことを願う。

目次

2 あなたの家族に起きること

3 あなたの仕事で起きること

4 あなたの暮らしに起きること

第2部　今からあなたにできること

第1部　人口減少カタログ

序　国民の5人に1人が、古希を超えている

出生率は上がっても出生数は減る

いまだこの国の多くは、「鈍感さ」から脱し切れていないようだ。

厚生労働省の「人口動態統計」によれば、2016年の年間出生数は前年に比べ2万8699人も減り、97万6978人となった。100万人に届かなかったのは、統計を取ってから初めてのことである。

100万人を割り込んだという事実だけでも、日本が〝消滅の危機〟に置かれていることは十分理解できる。首相が「非常事態」を宣言したってよさそうな局面であった。

ところが、100万人割れの「ミリオン・ショック」も冷めやらぬ中、2017年の年間出生数の推計値が94万1000人にとどまる見通しとなった。2年連続での90万人台である。

一方、2017年の死亡数は、過去最多の134万4000人。この結果、人口の減少幅はついに40万人を突破する様相だ。気を揉んでいるのは、私だけではないだろう。

それ以上に危惧すべきは出生数の減少幅の大きさだ。１００万人も生まれていないのに、わずか1年で3万６０００人も減る見通しとなったのである。

過去10年を見ると、わずかながらプラスに転じた年もあるが、総じて減少幅は拡大している。この傾向が続いていくならば、人口減少のスピードは予想を上回り、社会への影響がより大きくなるかもしれない。

政府は、国民の結婚や出産の希望が叶った場合、合計特殊出生率（1人の女性が生涯に出産する子供数の推計値）が１・８程度にまで回復するとして、それを政策達成の目安にしている。もちろん、それが回復するに越したことはないが、少子化がここまで進んだ現状では、出生率が多少上昇しても出生数は減り続ける。

その証拠を、具体的数字としてお示ししよう。合計特殊出生率が過去最低を記録したのは１・２６だった２００５年のことだ。これに対し、直近の２０１６年は１・４４である。これをもって、「少子化対策がようやく効果を見せてきた」と胸を張って語る政治家や官僚もいる。

だが、両年の出生数を比べてみてほしい。２００５年は１０６万２５３０人生まれているのに、２０１６年は97万６９７８人と、むしろ減ってしまっているのだ。

合計特殊出生率だけを追いかけていたのでは、少子化の実態を把握することはもはやできない。政府は、あまりピンと来ない「国民希望出生率1・8」への回復などではなく、「出生数100万人台の回復・維持」を政策スローガンとしたほうが分かりやすい。

核・ミサイルと並ぶ国家の危機

こうした数字のマジックは、前著『未来の年表』でも解き明かしたように、母親となり得る出産可能な年齢の女性数が、過去の少子化の影響で激減し始めたことで起きる。この点を理解せず、「少子化にストップをかけます」などと恥ずかし気もなく語る議員や首長は実に多い。

現在出産している女性の8割は25～39歳である。2017年時点で40歳（1977年生まれ）となってこの年齢層を脱した女性と、新たに25歳（1992年生まれ）となって加わった女性の人口を、彼女たちの生まれた年の年間出生数で比較してみよう。前者が85万1720人に対し、後者は58万6853人で、なんと3割も減っている。

ちなみに、2018年に3歳になる2015年生まれの女児数は49万2225人である。今後、大規模なベビーブームが長期にわたって続かない限り、出生数の回復が望めないことがお分かりいただけるだろう。

もちろん、国会が目の前に横たわる政治課題を議論することは当然だ。あるいは、政権のスキャンダルや疑惑が浮上したなら、それを糾《ただ》していくのも務めであろう。多くの国民の関心事を国会で取り上げることを批判するつもりもない。

北朝鮮の核・ミサイル開発も日本にとって極めて大きな脅威である。だが、出生数の下落は、それと並ぶ国家の危機だ。国の存続さえ危ぶまれるこの問題を正面から議論しない議員は、政治家としての資質を疑う。このまま少子化が続けば、どんな将来が待ち受けているのかという想像力が欠けているのだろう（ごく一握り、与野党を問わず危機感をもって熱心にこの問題に取り組んでいる国会議員がいることは申し添えておきたいが）。

高齢者の3人に1人が80代以上

日本は高齢社会に突入したが、その実像はあまり知られていない。ひと口に「高齢者」と言っても年齢幅は広く、年代の偏りもある。

「はじめに」でも少し触れたが、日本の高齢社会の特徴として、①高齢者の「高齢化」に加え、②独り暮らしの高齢者、③女性高齢者、④低年金・無年金の貧しい高齢者——の増大が挙げられる。このうち、すぐに社会に影響を及ぼしそうなのが、「**高齢化した高齢者**」および「**独り暮らしの高齢者**」の増大であろうと考える。

「敬老の日」（２０１７年9月18日）を前に総務省が発表した「統計トピックス」によれば、

65歳以上の高齢者は３５１４万人だが、このうち80代以上が１０７４万人と、約３人に１人を占める。80歳以上をさらに区分すると、80〜84歳が５２９万人、85〜89歳は３３９万人。90歳以上も数が増えて２０６万人となり、初めて２００万人を突破した。

ちなみに、70歳以上が総人口に占める割合は、19・９％。つまり、国民の約５人に１人が、古希を超えているのである。古希は、唐の詩人・杜甫《とほ》の『曲江《きょくこう》』の一節「人生七十古来稀《まれ》なり」に由来するといわれる。平均寿命の短かった頃は70歳まで生きることは稀だったのだろうが、こうした数字を見ると、すっかり死語と化した印象だ。

高齢者の「高齢化」は今後、さらに加速していく。総務省の人口推計によれば、２０１８年３月１日時点で、75歳以上が65〜74歳の人口を上回った。「日本の将来推計人口」（社人研、２０１７年）は、２０３０年には80歳以上が13・２％と予測している。

余談だが、社人研の推計では２０６７年の年間出生数は54万６０００人である。これに対し、同年の１００歳以上の人口は56万５０００人だ。50年後の日本は、生まれてくる赤ちゃんより、１００歳以上のほうが多いという、とてつもない高齢社会が到来するのである。

ところで、「後期高齢者」という、あまりセンスのよくない言葉がある。75歳以上を指す用語だ。なぜ75歳で高齢者を区分するかといえば、この頃から大きな病気を患う人が増えるからである。

もちろん、健康には個人差があり、75歳になった途端、みんなが寝たきりや要介護状態に陥るわけではない。むしろ、最近は自身の健康を気遣う人が増え、80代でも心身ともに元気な人も目立つようになった。

とはいえ、すべてが若い頃のように行動できるわけではない。徐々に耳は遠くなり、細かな文字を読むのが億劫になる人も増え、総じて理解力や判断力が乏しくなりがちだ。

こうした「高齢化した高齢者」が増えていく社会とはどんな社会なのか――。

少し想像してもらいたい。先にも独り暮らしの高齢者が増えることを指摘したが、75歳以上に限れば、2040年は男性が18・4％、女性は25・8％で、かなりの人数に上りそうである（社人研の「日本の世帯数の将来推計（全国推計）」〔2018年〕）。

子供世帯と同居したり、支えてもらえる親族が近くに住んでいたりすればよいが、子供が遠く離れて暮らしていたり、頼れる親族そのものがいないケースも少なくない。こうした高齢者は買い物や通院、役所への諸手続きもすべて独りで行わなければならない。

笑えない実話

「高齢化した高齢者」の増大は、とりわけビジネスシーンにおいて、マイナス方向に様々な変化をもたらす。もっと具体的に想像してみよう。

例えば、路線バスの運行。追い越し禁止の道路を走るバスが停留所に停まるたびに、後方には乗客の乗り降りを待つ自動車の列ができる。これは今でもおなじみのシーンだ。

しかし、バス停ごとに杖をついた高齢客が多数乗降するとなればどうなるだろうか？

その中には、運転手の手助けを必要とする人もいるだろう。バス停ごとの停車時間が数十秒ずつ余分にかかることになれば、後ろの車列は目的地に到着するまでの時間が長くなる。現在、取引先に15分で到着できていたのが、仮に25分かかるとなれば、年間を通じて相当のロスとなる。これが日本全国で繰り広げられたとするならば、労働生産性はかなり落ちることとだろう。

労働生産性を下げる状況は、職場においても思わぬ形で起こりうる。80代を親に持つ世代といえば、40代後半から50代が中心だろう。職場の各ポジションで組織のリーダーとして活躍している年代である。職場の会議に出席している最中に、実家で独り暮らしをしている親の携帯電話から連絡があったならば、何事が起きたのかと気が気でなくなる。

「もしや親が倒れて、近所の人が代わりに連絡してくれたのでは⁉」と心配し、会議を中断して外に飛び出し、電話に出たら、「ねぇ、瓶のフタが開けられないの……」と、涙声が聞こえたという笑えない実話もある。

もちろん、時間にすれば僅かな出来事だが、日本中でそれが積み重なっていけば、経済成長に影響することになろう。

小売り販売の現場にも変化が生じる。デパートの売り場を想像してほしい。

若い客だけであれば、買い物の目的も明確で、店員も商品説明をスムーズに行える。経営者にすれば、最少人数を配置することで総人件費を抑制しようとするだろう。

だが、判断力が衰えた年配客が増えるにつれて、一通りの商品説明ではなかなか理解してもらえない。ようやく買いたい商品が決まっても支払いに戸惑い、さらに時間がかかったりする。

顧客の年齢層が高くなってくれば、サービスの提供も〝高齢者仕様〟に変えなければならなくなる。デパートなどでは顧客が休憩する椅子を増やさなければならなくなるだろう。通路の幅ももっとゆとりが欲しい。すなわち、フロア面積のうち販売用に充てられる面積は今よりは縮小することになる。商品の陳列方法にしても、高齢者の目にとまりやすい高さに変えねばなるまい。

鉄道会社も対応を迫られよう。現在の電車の荷棚は高齢者には高すぎて手が届かない。高齢乗客が増えてくれば車両のリニューアルも避けられない。企業はこうした出費が嵩んでくることを織り込む必要がある。

笑えない実話ついでにいえば、親の葬儀も大変だ。**高齢社会の次には「多死社会」がやってくる。**前著『未来の年表』では火葬場の不足を取り上げたのだが、足りなくなるのは火葬場だけではない。私の知人には、火葬場の予約はできたものの住職の都合がつかず、結局は10日待ちとなった人もいる。

少子化の影響は、お寺も例外ではない。跡取り不足による廃寺や、住職がいないがために、一人の住職が複数のお寺を掛け持ちする場合もあるという。今後、葬式も法事も、自分たちが思い描いたスケジュール通りには進まないというケースが増えるだろう。

最良のビジネスヒントになる

一足早く高齢客向けの対応を始めた企業も登場している。対面型営業の証券会社だ。認知能力が低下した人への接し方を営業担当者に定期的に研修させたり、年齢的に近い営業パーソンを高齢顧客の専門担当者として配置したりするなどの取り組みをしている。

証券会社の扱う金融商品には複雑なものも多く、若いビジネス層でも一通りの説明では十分に理解することが難しい。他方、老後の生活資金への不安から金融資産の管理、相続に関するニーズは広がっており、個人投資家の高齢化が進んでいる。70代以上の顧客が3〜4割を占めるとも言われており、高齢客への対応は無視できない課題となっている。こうした高齢顧客への支援サービスの動きは、今後、多くの業界で広がりを見せそうだ。

他方、すでに多くの企業がシルバー向けサービスや商品開発に鎬《しのぎ》を削っている。最近のテレビCMも、介護しやすい電動ベッドやコンピューターで管理された霊園、高齢者でも加入できる生命保険といった、ひと昔前では想像もつかなかった内容が増えてきた。

80代以上となった高齢者に、若い世代のような機敏さを求めるほうが間違っている。高齢社会においては、これまでのような研ぎ澄まされた効率性を維持することなどできない。多くの80代以上の高齢者を、顧客として無視できない時代が到来するのである。

こうした現実を前提として、社会を機能させ、あるいは個々の企業が利益を上げていくにはどうしたらよいのかを考えなければならない時代に入ってきている。

だからこそここからは、そのような社会で一体何が起きるのかを、なるべく具体的に見ていくことにしよう。それは必ずや、あなたの生活やビジネスのヒントになるはずだ。

本書の表紙裏に付けた「**人口減少カタログ**」および「**庄子《しょうし》家の一日に起きたこと**」をぜひご覧頂きたい。

そして、それらに記された「イラスト」や「出来事」の中で、皆さんが最も興味のある項目から、ページをめくって読み進めていただければ幸いである。

あなたの住まいで起きること

1-1 伴侶に先立たれると、自宅が凶器と化す

高齢者の事故の8割は住宅で起きるが、倒れても、誰も助けに来てくれない

キーワード
●高齢ドライバー
●不慮の溺死
●ヒートショック

家庭内の事故は交通事故の6倍

少子高齢化に伴って、あなたの身の回りで起きることに「不慮の事故」がある。高齢者になると事故死が増えるというのはイメージしやすいだろう。高齢者の事故死といえば、真っ先に思い浮かぶのが交通事故だ。踏切を渡りきれなかったり、車の接近に気がつかなかったりして、悲劇に巻き込まれるケースが跡を絶たない。最近は、高速道路の逆走など、高齢ドライバーが加害者となった死亡事故も目立つ。

ところが、高齢者の事故発生場所としては、一般道路は6・9％に過ぎない。ではどこで事故に遭っているかといえば、家の中なのである。交通事故死よりも、家庭内における「不慮の事故」のほうがはるかに多いのだ。

先にも述べたように、日本の高齢化の特徴の一つに、独り暮らしの増加がある。社人研の「日本の世帯数の将来推計（全国推計）」（２０１８年）によれば、２０１５年時点での65歳以上の独り暮らしは男性14・０％、女性21・８％だが、２０４０年には、それぞれ20・８％、24・５％に上昇するとみている。

現在は生涯未婚という人が増えた。こうした人たちが高齢化することに加えて、長寿化が進み、連れ合いを亡くした高齢者が増えるためだ。

かつての日本は「夫婦と子供２人」という世帯が多かった。地方では３世代が同居できる広い住宅に暮らしてきた人も少なくなかった。だが、そんな大家族も今は昔となり、子供たちが成人して独立し、連れ合いも亡くなった「広い自宅」にポツンと残って暮らしている高齢女性の姿が各地で見られるようになった。

「気ままな独り暮らし」を謳歌しているという高齢女性も少なくないだろうが、こうした暮らし方には思わぬ危険が忍び寄ってくるからご注意頂きたい。

高齢者が独り暮らしになると、安全なはずだった自宅が凶器と化すのだ。

内閣府の「高齢社会白書」（２０１７年版）が、65歳以上の事故発生場所の分析を紹介しているが、「住宅」が77・１％と突出しているのである。

交通事故死と家庭内における「不慮の事故」とを、データがそろっている２０１６年で比較してみよう。この年の65歳以上の交通事故死は前年より109人減って2138人だった（「高齢社会白書」）。これに対し、家庭内における不慮の事故は、なんと1万2146件だ（厚労省の「人口動態調査」）。単純に比較すれば6倍もの差がついている。

要因別では、トップ3は「不慮の溺死及び溺水」の5086件（65〜79歳2075件、80歳以上3011件）、「その他の不慮の窒息」3274件（同1094件、2180件）、「転倒・転落」2362件（同834件、1528件）。いずれも交通事故を大きく上回る。

風呂場では9割の人が生命の危機

住宅において事故の発生が多い場所は、「居室」（45・0％）、「階段」（18・7％）、「台所・食堂」（17・0％）の順である。安全なはずの屋内で、しかも最も危険性が少ないと思える居室における事故が一番多く起きていることに疑問を持つ人も多いだろうが、これは高齢化との関わりが大きい。

高齢になると、体力や気力の低下で、片づけができなくなる人が増える。認知症の初期段階にでもなれば、ますます片づけられなくなる。床に物が置きっぱなしになったり、どんどん積み上がった状態になったりする。他方、運動機能や平衡感覚、体力そのものが弱っていくので、そのような置きっぱなしの物につまずいて転倒してしまうのだ。

独り暮らしの高齢者は、増加の一途をたどっている

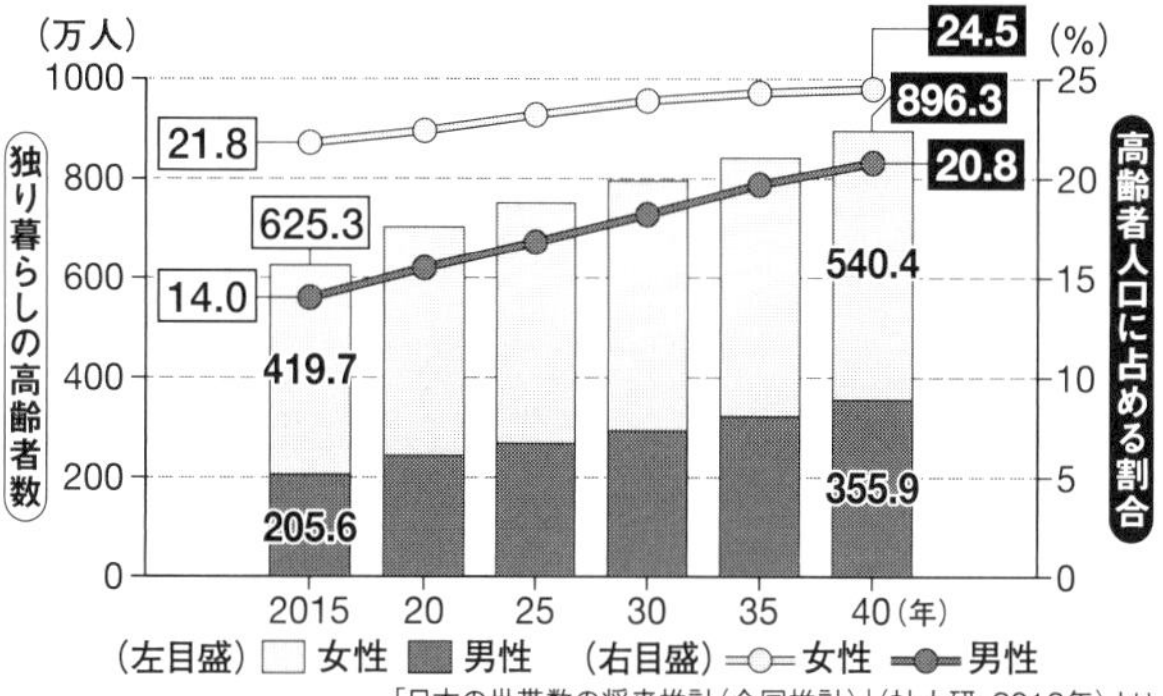

「日本の世帯数の将来推計(全国推計)」(社人研、2018年)より

高齢者の事故発生現場の約8割が「住宅」!!

一般道路での事故はわずか6.9%

なぜか?

独立行政法人の国民生活センターが2013年にまとめた「医療機関ネットワーク事業からみた家庭内事故―高齢者編―」によれば、事故のきっかけの1位は「転落」30・4%、2位は「転倒」22・1%である。

とりわけ階段による怪我が多い。段差でつまずくのだ。足がもつれて家具にぶつかる、ベッドから転落する、靴下が引っかかって転ぶ、バスマットや絨毯、毛布などに足をとられるなど、例を挙げたらきりがない。すべてが死に至るわけではないが、骨折が原因で寝たきりとなったり、施設入所となったりするケースは珍しくない。

高齢者の転落・転倒は、屋外作業中

家庭内の不慮の事故原因

1位
溺死及び溺水

2位
窒息

3位
転倒・転落

浴槽での溺死者は10年間で1.7倍に!!

家庭の浴槽での溺死者数の推移

消費者庁「News Release」(2016年)より

溺死者の91%が高齢者!

65歳以上の転ぶ事故による
年別救急搬送人員

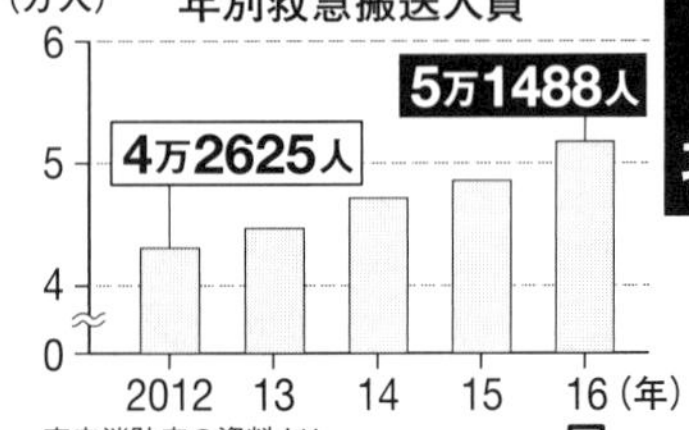

東京消防庁の資料より

高齢者の転ぶ事故も増え続けている!

独り暮らしでは助けも呼べない……

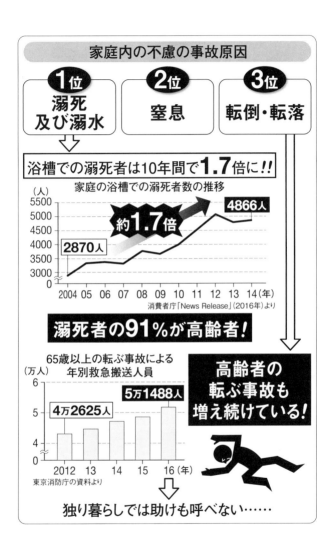

にも数多く起こっている。若い世代が不在となり、庭木の剪定作業や、屋根の雪下ろしまですべて高齢者自身で行わざるを得ないからだ。屋根や脚立、はしごなどに登り、足を踏み外して転落死するケースも見られる。

不慮の事故原因のトップは「溺死・溺水」となっているが、これも転倒と無関係ではない。湯船の中で眠ってしまい溺れるケースもあるが、つまずいた拍子に湯船に倒れ込めば溺死となる。

東京消防庁の資料によれば、2012年から2016年に風呂場の事故で救急搬送された65歳以上の人のうち、44・4%が死亡し、重篤な症状だった人も40・0%に及んだ。重症の5・9%も含めれば、9割の人が生命の危機にさらされている。

日本人特有の入浴法でヒートショックに

だがそれ以上に風呂場での転倒で恐ろしいのが、「**ヒートショック**」だ。まだまだ、聞き慣れないという人も少なくないだろうが、急激な温度変化が原因で血圧が大きく上下し、心筋梗塞や脳梗塞を起こしてしまう事故のことだ。

ヒートショックの多くは、冬場の浴槽内で発生しており（12月から2月にかけてが全体の約5割）、住まいの断熱性と大きな関係がある。

高齢者が長年住み慣れた住宅は、熱の逃げやすい古い家屋であることも多い。こうした家の場合、とりわけ真冬には暖房をかけている部屋とそうではない部屋とで、大きな温度差が生じる。暖房をしている居間から、寒い廊下を通って脱衣場に移動し、服を脱ぎ、冷え切った体で熱いお湯につかるとなると、もの凄い温度変化となる。自宅が、心筋梗塞や脳梗塞を起こす大がかりな〝殺人装置〟と化すようなものだ。

家族がたくさんいた頃は、家の中の多くの部屋が暖められていた。ところが、高齢者の独り暮らしではそうはいかない。使用する部屋が限られるので、同じ家であっても部屋同士の寒暖差がかつてより大きくなる。風呂場で倒れても、異変に気付き、救急車を呼んでくれる人がいない。発見された時には、もはや手遅れということになってしまうのだ。

実際、ヒートショックによる死亡は、急速に増えている。消費者庁が2016年1月に発表した「News Release」によれば、2014年における家庭の浴槽での溺死者数は、4866人で、2004年と比較し10年間で約1・7倍に増加した。このうち約9割が65歳以上であり、とりわけ75歳以上で増えている。高齢者数が増大するにつれて、入浴中の事故死も増えてきているということだ。

「News Release」は、入浴中の事故死数が年間約1万9000人に上るという厚生労働省の研究班の調査結果も紹介している。これは救急車で運ばれた患者数から推計した数値だ。通常のデータ集計では、入浴中であっても、死因が他の疾病であると診断された場合には入浴中の事故としてカウントされないが、こうした死亡数も含めた数字だという。

さらにヒートショックは、部屋の寒暖差だけではなく、浴槽から立ち上がるときにも起こる。入浴中は湯で体に水圧がかかっている。そこから急に立ち上がると、圧迫され続けていた血管が一気に拡張し、脳に回る血液が減るというのだ。こうなると、脳が一時的な貧血状態となり、一過性の意識障害を起こすことがある。

熱いお湯に長くつかっているという人も危険だ。のぼせて意識障害が起こると、熱中症になることもあるという。

家庭の浴槽以外を含めた溺死者数を欧米各国と比較すると、日本が突出している。WHO（世界保健機関）が示す65歳以上の溺死者数（人口10万人中）は、日本が19・0人なのに対し、欧米各国はフランス3・5人、米国1・5人、イタリア1・1人、英国0・5人にすぎない（「News Release」）。これだけの差がついていることを見れば、熱い湯に肩までつかるという日本人特有の入浴スタイルが、高齢者にとっていかに危険なのかが分かる。

命を守ってくれるはずの我が家が凶器化するなどとは考えもしないだろうが、少子高齢社会のリアルな脅威は、何気ない日常にも潜んでいることに気づかなくてはいけない。

1-2 あなたの住まいで起きること

亡くなる人が増えると、スズメバチに襲われる

2040年、「所有者不明土地」は北海道本島の面積に匹敵

キーワード
●所有者不明土地
●相続放棄
●治安の悪化

女性の約4割が90歳以上まで生きる

高齢者の「高齢化」が進んできた。75歳以上人口が1770万人となり、65～74歳の1764万人をついに超えた（総務省の2018年3月1日時点の人口推計）。「高齢化した高齢者」の増大は、大死亡時代につながる。2017年に134万人を数えた年間死亡数は、団塊世代が90代となる2040年頃に、167万9000人でピークを迎えるまで増え続ける（社人研の推計）。その後は、総人口の減少によって多少の下り坂となるが、おおむね160万人水準で推移する。

高齢者が増える大きな要因は、平均寿命の延びだ。「人生100年」といわれるようになったぶん、亡くなる人の高齢化も著しい。昨今、「終活」がブームだが、家族に迷惑を

かけたくないとの理由から、葬式などの準備を生前にしておく人は少なくない。

社人研の人口統計資料集で、２０１６年に亡くなった人の年齢を確認すると、男性は51・７％が80歳以上だ。女性に至っては90歳以上が37・２％を占める。

こうした年齢の人が亡くなったとき、残された子供や親族、友人たちも高年齢であろう。それどころか、子供に先立たれる可能性も小さくない。

「親が１００歳、子供が70代」というケースを考えれば分かりやすい。70代にもなれば、がんや心臓疾患などに倒れたとしても不思議ではないだろう。

「高齢化した高齢者」が増える社会とは、「自分が死んだら、子供に葬儀を出してもらう」という、これまでの常識が通用しない社会でもある。

連れ合いを亡くし、子供にも先立たれるといったケースの増大だけでなく、そもそも生涯シングルで身寄りのない高齢者も増え続けていく。

誰もが独りぼっちの老後を送る可能性があるということだ。こうした漠たる不安が、「終活」ブームを後押ししている側面はあるだろう。

「高齢化した高齢者」の増大は、葬式の在り方にも変化を及ぼしている。

残された人も少ないから、参列者も小規模となる。親族にすれば簡素に済ませようという意識が働きやすくなる。家族葬や直接火葬場に運ぶ「直葬」も珍しくなくなった。

高齢者の孤独死が話題となるが、引き取り手がなく、名前さえ分からない人も多数に上る。最終的に自治体が火葬し、「無縁遺骨」は市民霊園の共同墓に納められるといったケースはすでに珍しくない。法事に関しても簡素化の流れにあり、執り行わないという人もいる。お布施に対して「料金体系が不透明」と考える人が増えたためか、料金明瞭で安価なインターネットによる僧侶派遣サービスも登場している。

お墓をめぐっても、めったなことでは帰省しなくなった実家の近くにある先祖代々の墓を、現在の居住地周辺の寺や公営墓地に移す「墓じまい」が盛んになっている。手軽に墓参りをしたいという志向の高まりであろう。「墓じまい」をしてくれる親族もいなければ無縁墓となるが、こちらも増えている。

少し前までは、仏式で葬式や法事をすることは「日本の慣習」と言ってもよいほどポピュラーだったが、これでは寺も経営的に立ちゆかなくなるだろう。そうでなくとも、少子化で寺の跡継ぎ不足が広がっている。少子高齢化は、「日本の風景」を変えつつある。

土地所有者の住所が「満州国」

ところで、人が亡くなって起きるのが相続問題だ。なけなしの親の遺産をめぐって兄弟姉妹などがいがみ合う〝争族〟が、いつの時代にも繰り広げられてきた。

ところが、少子化はこうした〝争族〟すら、過去のものとしかねない。子供は1人だけという人が亡くなれば、残された世代は争う相手が存在しないことになる。子供のいない人が亡くなったならば、相続人そのものが不在だ。

〝争族〟に代わって増えそうなのが、相続の手続きを敬遠し、相続登記を行わない人である。現金などに比べて流動性の低い住宅や土地にその傾向が見られるが、人口減少に伴って、あなたの身近なところで起こる問題の一つに「**所有者不明土地**」の増大がある。

近年、空き家や空き地が増加してきた。人口が減り、人が住まない地域が広がった結果、家や土地に対する価値観が劇的に変わってきた。土地の需要が低下した地域が増えた。所有者が高齢化して適切な管理がなされず、荒れ放題となっているのだ。

相続する財産が土地や家屋だけならば、相続放棄という選択もあるが、預金や証券といった金融資産がある場合、それらも放棄しなければならないため、なかなか思い切れない。とはいえ、都市部の多少なりとも便利な場所にある物件でもない限り、すぐに買い手が見つかるわけでもない。結果として荒れ地が増えると、不動産取引が不活発となり、資産価値がますます低下する。

団塊世代には、高度成長期に地方から大都市部に出てきた人が多いが、相続人となるその子供たちの中には、親の出身地に残された相続対象の土地を一度も訪れたことがないという人もいる。親が出身地に土地を所有していたことすら知らないケースさえある。

こうした都市住民の場合、親の故郷の土地を利用する予定のない人も多数に上る。買い手が簡単に見つからないとなると、「面倒な手続きをしてまで相続し、固定資産税を納めてまで取得するメリットが見出せない」という気持ちが広がる。登記手続きの煩雑さや管理にかかる負担が、資産価値に釣り合わなくなってきているのだ。

日本の場合、不動産登記が義務化されていないため、登記にともなう労力やコストを嫌って故人名義のまま放置することとなる。ウソのような話だが、登記簿上の所有者の住所が「満州国」となっている極端な例まで見つかったという。こうした土地が長期間にわたって放置されると、相続人がねずみ算式に増えて、さらに問題を複雑化させる。

人口減少に伴う土地需要の低迷は、すでに空き家の増大として大都市部を含む全国的な課題となっている。総務省の「住宅・土地統計調査」（2013年）によれば、全国の空き家は約820万件に上る。野村総合研究所の試算（2016年）では、2033年の空き家数は2167万戸弱、空き家率は30・4％まで上昇する。全国の約3戸に1戸が空き家になる計算だ。利活用が見込まれない空き家は、やがて取り壊されて空き地となり、さらに不明土地の増大につながっていく。

すでに九州の面積を上回る

もともと家が建っていなかったところも含め、所有者不明の土地が広がっている。法務省が全国10ヵ所（調査対象数約10万筆）の相続登記未了の可能性がある土地を調査したところ、最後の登記から50年以上経過している土地が、中小都市や中山間地域で26・6％、大都市でも6・6％あった。最後の登記から90年以上経過している土地は、大都市以外で7・0％、大都市には0・4％存在した。

一方、国土交通省が地籍調査（2016年度）を実施した1130地区の約62万筆を調査したところ、20・1％が所有者不明土地であった。

「所有者不明土地問題研究会」（顧問・加藤勝信厚生労働相）がこれらのデータを元に、一定の条件下で相続登記されなかったり、所有者の住所が変わって連絡がとれなくなったりした土地を推計したところ、所有者不明と考えられる土地面積は全国で約410万ha《ヘクタール》に及ぶという。これは九州本島（約367万ha）を上回る面積である。

日本社会が「大死亡時代」を迎えるため、所有者不明土地はさらに増えると見込まれる。所有者不明土地問題研究会は、今後の年間死亡数の増加を織り込んで将来推計も試みている。相続に対する意識が希薄化したままで、現在の所有者不明土地の持ち主解明が進まないと仮定した場合、2020〜2040年に発生する土地相続のうち約27〜29％が相

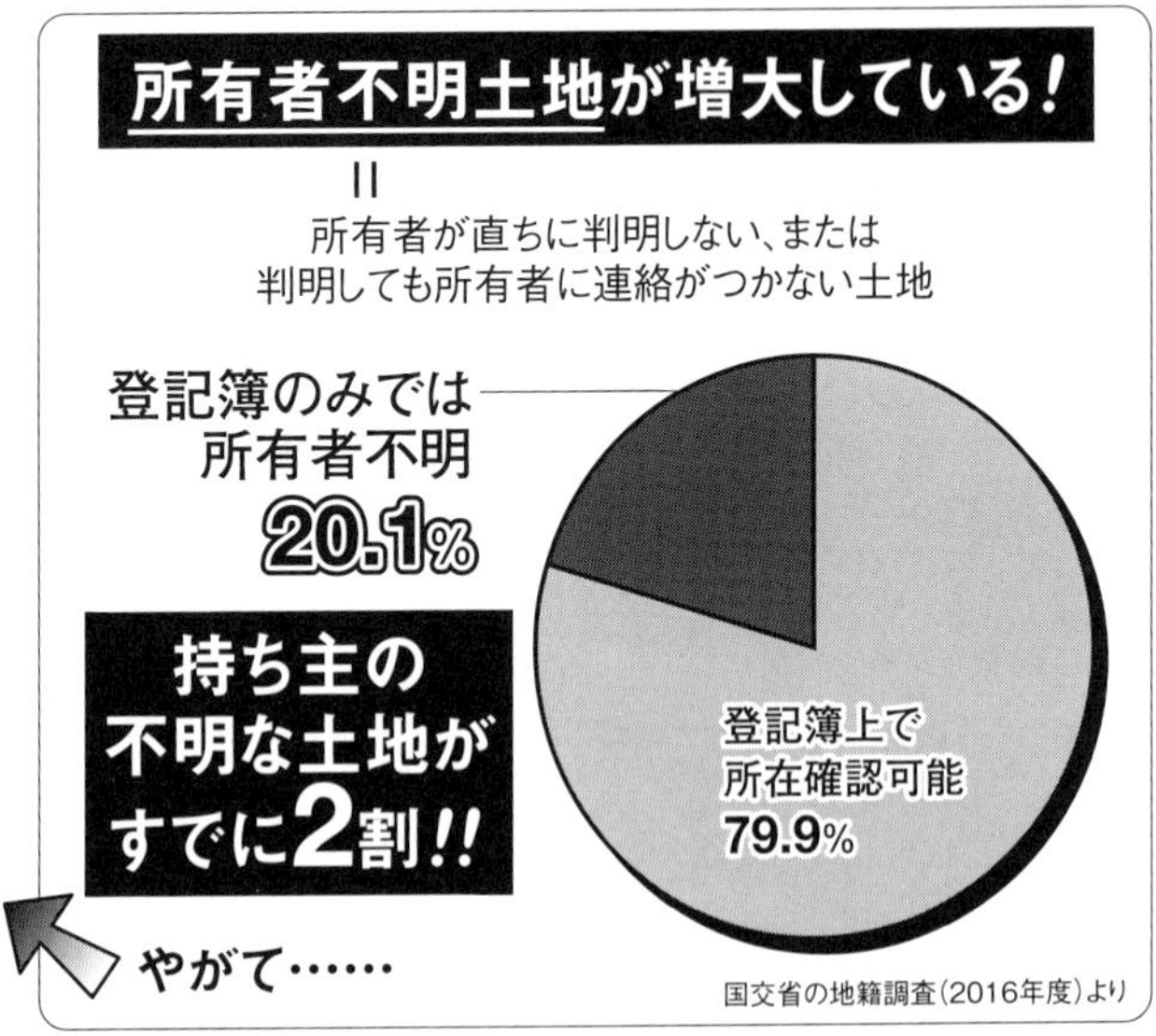
所有者不明土地が増大している!
=
所有者が直ちに判明しない、または
判明しても所有者に連絡がつかない土地
登記簿のみでは
所有者不明
20.1%
登記簿上で
所在確認可能
79.9%
持ち主の
不明な土地が
すでに2割!!
やがて……
国交省の地籍調査(2016年度)より

続未登記になる可能性があり、2040年までに新たに310万ha(約3300万筆)増えると計算しているのだ。

現存する約410万haと合わせれば、約720万haとなる。北海道の約9割にあたる広大な面積である。

所有者不明土地の拡大は固定資産税などの徴収を難しくしたり、行政が所有者を探すための費用がかかったりするなど、経済的な損失も大きい。同研究会は、算出可能なコストや損失額も試算している。2016年単年で約1800億円に上っており、2017年から2040年の累積では5兆9100億円にもなるというのだ。算出

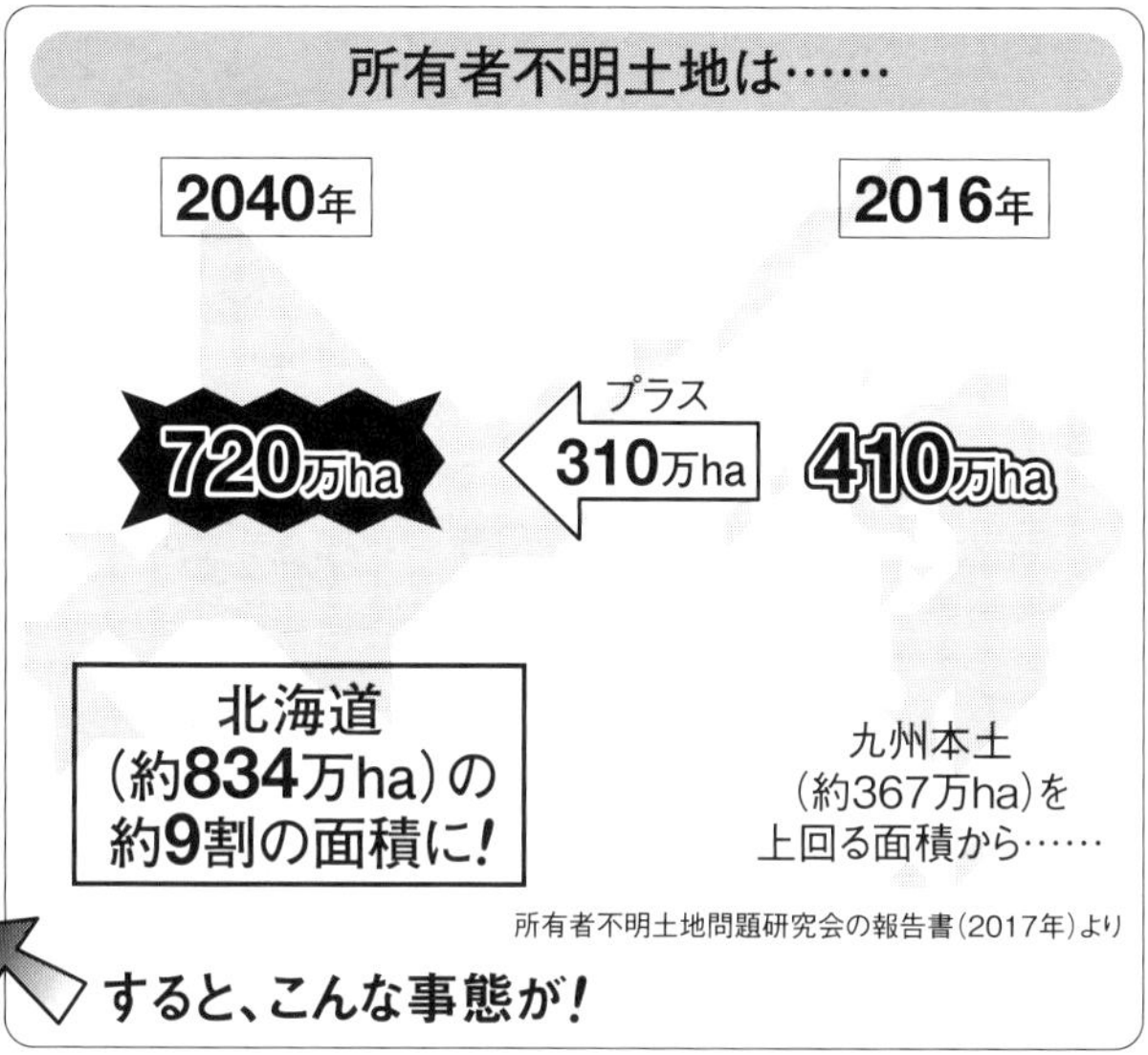

所有者不明土地問題研究会の報告書（2017年）より
すると、こんな事態が！

できないコストもあることから、実際の損失はさらに大きいと見ている。

公共事業や民間の再開発事業の用地取得の妨げになるほか、農地の集積や森林の適正管理にも支障をきたす。公共性の高い事業に活用しようにも、利用には原則すべての所有権者の了解が必要なため、相続した親族らをたどって所有権者を探す自治体の事務負担も重くなっているのが現状なのである。

中途半端な法改正

それでは、所有者不明土地の広がりは、あなたの暮らしにどのように降りかかってくるのだろうか？

その影響は、個々人にとって決して

狭い私道を公道化できず、消防車などが通れない
様々なゴミが不法投棄されるなど、住環境が悪化
空き家にできたスズメバチの巣を駆除できない
さらに……
少なくとも累積約6兆円の経済的損失にもつながる!!

小さくない。例えば、住宅密集地で狭い私道を拡張し、公道化しようと計画しても、その協議が進まないことになる。狭い私道のままだと、消防車などの緊急車両が通れず、仮にその区域で火災が起きた場合、なかなか鎮火できないことも想定できよう。たった1軒のために集合住宅の売却計画そのものが頓挫することにもなりかねない。

私の知り合いがスズメバチに刺されたことがあったが、よくよく調べてみると、所有者が不明である近隣の空き家にいつの間にか巣ができていたことが原因だった。巣は簡単に駆除できず、とんだ不運に見舞われたというのだ。ゴミの不法投棄や雑草が増えていくと、周辺の住環境をはじめ、景観や治安の悪化につながる。

　所有者不明土地問題の深刻化を受けて、政府がようやく重い腰を上げ始めた。所有者不明の空き地に最長10年間の使用権を設定し、公園や農産物の直売所といった公益性がある事業に活用できる特別措置法案を２０１８年３月に閣議決定したのだ。所有者が現れても明け渡しを求めなければ、使用期間の延長を可能とする。

　国や自治体が取得する際の手続きも簡素化するほか、所有者が見つからなかった場合には、知事の判断で公有化を決定できるようにもする。ただ、所有者が現れれば、原則は明け渡さなければならない。活用できるのも原状回復が容易な公園などに限られるという。

　所有者の承諾なしに第三者が土地を利用すれば、憲法が保障する財産権を侵害しかねない。憲法上許されるギリギリの線を考え、公共性が高い事業に限定し、事業者が賃料分を法務局に供託する制度としたのだ。

　限られた国土には、「国民の共有物」の側面もあろう。人口減少社会を迎えた日本は、コンパクトな街づくりを急がなければならない。これまで以上に、土地に対して「公共優先」という考え方が求められるということだ。われわれは国土や土地の権利について根本から考え直す時期を迎えている。

1-3 あなたの住まいで起きること

東京や大阪の繁華街に、「幽霊屋敷」が出現する

2036年、築30年以上のマンション総数は、520万戸を超える

キーワード
●空き家問題
●修繕積立金
●バブルの塔

空き家は実は、大都市の問題

少子高齢社会を生きるあなたは、やがて繁華街でも「幽霊屋敷」を目撃するだろう。

空き家率が30%を超えた地域は、急速に治安が悪化し、スラム化し始めるという説がある。野村総合研究所の試算（2016年）では、2033年の空き家率は30・4%に達するというから、もしこの説に従うならば、2030年代の日本は東京も含めて、荒《すさ》んだ風景が広がることとなる。

空き家といえば、朽ち果てて幽霊屋敷のようになった過疎地の一軒家のイメージで語る人が少なくないが、これは大きな誤解だ。むしろ大都市の問題と捉えるべきである。

総務省の「住宅・土地統計調査」（2013年）によれば、空き家率は13・5%だ。これ

を都道府県別に見ると、山梨県の22・0％を筆頭に、長野県（19・8％）、和歌山県（18・1％）、高知県（17・8％）などが上位に顔を並べる。東京都（11・1％）、神奈川県（11・2％）、愛知県（12・3％）など大都市圏は全国平均を下回っている。

ところが、空き家数で比較し直すと、東京都81万7000戸、大阪府67万9000戸、神奈川県48万7000戸、愛知県42万2000戸と、大都市圏の都府県で空き家を量産している。住宅戸数そのものが多いためだが、この4都府県の合計で、全国の空き家総数約820万戸の約3割を占める。

なぜ大都市圏で、こうも空き家が増えたのだろうか？

それは都市部で高齢化が進み始めたことと大きな関係がある。以前ならば単身世帯は結婚前の若者が大半であったが、現在は高齢者の独り暮らしが増えてきている。

とりわけ高齢者の絶対数が増えるのが東京圏である。高度経済成長期以降、進学や就職で上京した〝かつての若者〟たちは、東京圏で結婚した。子供を育てるために広い居住スペースを求めて、通勤に1時間半以上もかかるような郊外に住宅を求めた。その代表格が団塊世代だが、その多くは定年退職後も郊外のマイホームに住み続けている。

ところが、その子供世代のライフスタイルは彼らとは大きく異なる。通勤に不便な実家近くでの生活には見向きもせず、オフィスに近い地域や、郊外であっても駅周辺の利便性の良いところに立地する新築マンションを求めた。

この世代は、就職氷河期が長引いて非正規雇用が広がり、正規雇用となっても賃金が抑え込まれた結果、夫婦共働きが当たり前となった。１９９７年に男女雇用機会均等法が改正され、女性の深夜勤務や休日勤務が可能になったこともあり、子供を保育所に預けて夫婦ともに働くというスタイルも定着した。こうなると、住宅は職場に近い都心部になくてはならない。最寄り駅までバスを使わなければならないような郊外に広い家を求める選択肢はあり得なくなったのである。

２０１８年の公示地価における全国の住宅地下落率ランキング表を見ると、主要駅から東京都心まで1時間ほどで行ける神奈川県横須賀市と、隣接する同県三浦市の住宅地が「ワースト10」の半数を占めている。東京圏（1都3県）の周縁部では人口減少が進み、全国を上回る水準で空き家が広がり始めているのだ。

郊外に取り残された〝かつての若者〟たちは、今、高齢者だけの世帯となった。そして彼らが亡くなり始め、主を失った「かつての夢のマイホーム」が廃墟と化しつつある。

マンションの修繕が難しい理由

空き家が目立つのは郊外の一軒家だけではない。むしろ、その多くは、繁華街を含む都

2033年の空き家数は約2166万戸、空き家率は30.4%に

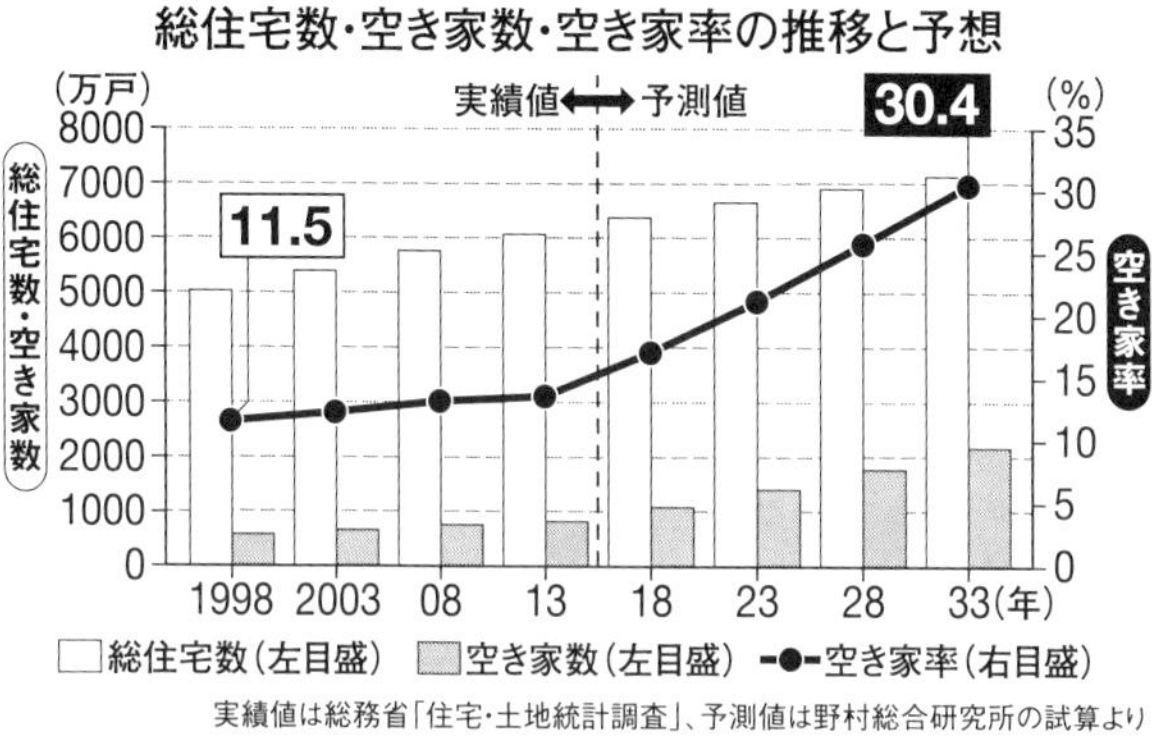

このまま空き家が増えると……

会の真ん中に存在する。都市部の空き家の中心はマンションだ。

東京都の空き家81万7000戸のうち、約63%にあたる51万8600戸が、鉄筋コンクリートなどの「非木造」住宅である。このうち8割以上が賃貸マンションと見られる。

マンションの建物自体はコンクリートの堅牢な造りであり、一戸建てのように直ちに「幽霊屋敷」になるリスクは小さいため、空き家が増えてもあまり気付かれることがない。ただ、築35年を超すような物件の場合、上下水道の配管や空調ダクト、エレベーターなどの設備が更新時期を迎える。築50年ほどのマンションとなれば、建て替え

過疎地の一軒家ではなく、
大都市のマンションなどが次々と、
幽霊屋敷のような廃墟と化す

20年以内に、築30年以上のマンションは520万戸超に!!

東京のあちこちに「スラム」が……

が検討されるようにもなろう。適切な修繕を施さなければさらに寿命は短くなる。住民が住みながらにして、静かに「幽霊屋敷」化が進んでいるのだ。

マンションは、累計戸数が６００万戸を超えている。国土交通省の資料によれば、２０１６年の築30年以上のマンションの総数は１７２万７０００戸だ。内訳は築30～40年未満が１０９万７０００戸、築40～50年未満が58万９０００戸、築50年以上が４万１０００戸である。築年数が60年になるものも登場している。

問題は、個々人の区分所有となっている分譲マンションだ。所有者が管理組合を結成して、合議制によってマンション全体の資産価値を維持している。そうした管理組合は管理費によって運営され、建物の修繕に備えて積み立ても行う。

一般的にマンションの劣化を防ぐためには12～15年ごとの大規模修繕が必要とされる。最初は外壁の塗り直しなどだけで済むが、2回目以降となると給水・排水管などのメンテナンスが必要となり工費は高くなっていく。ところが、管理組合がうまく機能せず、修繕できない事例が増えてきたことが、今後、東京を含む大都市に「幽霊屋敷」を一気に出現させる可能性を大きくしているのである。

管理組合が機能しなくなり、修繕を難しくさせている要因は大きく3つある。

1つは、修繕積立金の値上げが難しくなっていることだ。国交省は修繕積立金の指針を2011年に策定したが、国交省が示す目安額に届かない額しか徴収していないマンションは多い。

中長期的な財政リスクを考えれば、入居時から余裕をもった修繕積立金を集めたほうが良さそうなものだが、最初から高く設定するとマンション価格の割高感につながるため、マンションの開発・販売業者は新築時の積立金額をなるべく安く設定しようとする。

結果として、住民たちは購入後に自らで段階的に値上げしていかなければならなくなるのだが、これが簡単ではない。管理組合の総会で諮らなければならないためだ。

当然ながら住民の懐具合はそれぞれに異なる。年金で生活している高齢住民や生活費がかさむ30～40代の若い住民には「暮らしに余裕がないので急激な値上げは勘弁して欲しい」という人が少なからず存在しており、合意形成が難航するのである。

加えて、問題を複雑にしているのが、最近、建設人材の不足や資材価格の値上がりで工事費が高騰傾向にある点だ。予定価格を大幅に上回れば、修繕費はさらに不足する。

玄関の自動ドアを叩く認知症住民

2つ目は入居者の高齢化による未収金の増加だ。年金暮らしとなった入居者が増えて、管理費や修繕積立金を滞納する人が増えてきている。

「マンション総合調査結果」（国交省、２０１３年度）によれば、マンション居住の世帯主の年齢は60代が31・1％と最も多く、次いで50代が22・8％、40代18・9％、70代16・5％となっている。5年前の前回調査と比較すると、40代以下は35・6％から26・8％へと減少し、逆に60代以上は39・4％から50・1％へと増加している。

高年齢化によって永住意識に変化が生じてきていることにも調査は言及しているが、「永住するつもり」が52・4％、「いずれは住み替えるつもり」が17・6％となった。年齢別では、年齢が高くなるほど永住意識が高くなる傾向にあり、前回調査と比較しても「永住するつもり」が49・9％から52・4％へと増加、「いずれは住み替えるつもり」は19・4％から17・6％へと減少した。

ところが、国交省の別の調査によれば、築30年以上のマンションの管理組合のうち、管理費や修繕費の滞納があると回答した管理組合は、「3ヵ月以上の滞納」が半数にのぼり、「6ヵ月以上」で30％ほど、「1年以上」も20％を超えた。

築年数の古い物件ほど滞納者の割合は増える。築30年以上のマンション総数が2036年には528万4000戸（築30〜40年未満194万8000戸、築40〜50年未満160万9000戸、築50年以上172万7000戸）に達すると国交省は予測している。

余談だが、滞納どころか、最近ではマンション住民が認知症となり、オートロックの鍵の使い方がわからず、玄関の自動ドアを叩くなどのトラブルも増えてきている。

永住志向が高まりながら、修繕に前向きではない人が増えていることを不思議に思う人もいるだろう。永住を考えるのならば、なるべく資産価値を下げないよう積極的に物件に手を入れようとしそうなものだ。

この矛盾とも思える調査結果の背景には、高齢で資金にゆとりのない住民が増えてきたことがある。「あと何年生きるか分からないのだから、なるべくお金をかけず現状のまま住み続けたい」という永住志向なのである。

管理組合がうまく機能しなくなり始める要因の3つ目は、他ならぬ「マンション空き家」が増えてしまったこと自体だ。

30年を超す築年数のマンションが増えたということは、住民に相続する人が増えてきたということでもある。ところが、相続した時、子供世代はすでに自分たちの家を持っているので、親が住んでいたマンションに移り住む人はむしろ少数派だ。賃貸に出そうにも築年が古く、間取りの使い勝手が悪ければ借り手は簡単に見つからない。親の残した膨大な家財道具を処分するにも費用がかかるため、結果として放置され、空き家となっていく。

子供世代が管理費や修繕積立金を負担すればよいが、自分が住むマンションの管理費などを支払っているため、ダブルでは負担できない人も少なくない。こうしたマンションの空き家が増えて滞納に拍車がかかれば、必要な大規模修繕が遅れる。

それでも修繕工事を行おうとすれば、融資を頼むことになる。不足分を借り入れる管理組合は増えているが、これで一時的に穴埋めできても、金利を含めて返済しなければならず、結局は管理費を値上げせざるを得なくなる。

一方で、修繕が進まず、管理がおろそかになれば建物自体の劣化を速めるので、築年数の評価以上に資産価値を下げることになる。こうして、いつの日かマンション全体のスラム化が進んでゆく。

湯沢町の「バブルの塔」は今

東京圏でマンションの空き家が増えているのは、作りすぎだからである。国勢調査（２０１５年）の数字では、２０１０年から２０１５年の5年間で東京圏の総人口は51万人増えている。一方で、生産年齢人口は83万人も減っている。65歳以上の高齢者が１２９万人も増え、総人口を増加させているのだ。これでは、新築住宅の需要は頭打ちになり、空き家が増え続けるのも当然である。

今後の少子化を考えれば、購入した自宅の資産価値を維持することは難しい。不動産の値段が上昇し続けた時代には、買い換えを繰り返すことで利ざやを稼ぎ、より高価格の物件を入手するという成功物語を実現する人もいたが、これからは自宅を売却したならば大幅な含み損を覚悟しなければならない。「不動産は負動産」と呼ばれる所以《ゆえん》である。

空き家を減らすには供給を制約すべきなのに、政府も業界も「規制緩和」のもとに供給増加策を続けてきた。目先の利益を求め、「買いたいと言う人がいるのだから、売れるだけ売ればよい」といった風潮に乗り続けてきたのである。現実問題として、アベノミクスのマイナス金利などを追い風に、いまだマンションや戸建て住宅は建設され続けている。

だが、供給過剰に反動はつきものだ。ただでさえ空き家が多いのに、新築物件を供給し続ければ、家賃水準は下落し不動産価格が下がる。固定資産税収入も下落する。

近い将来の大都市の光景を具体的にイメージできる場所がある。かつて「東京都湯沢町」とまで言われた、新潟県の湯沢町だ。

1987年にリゾート開発を支援する総合保養地域整備法が成立すると、デベロッパーが大挙して押し寄せ、高級リゾートマンションを林立させた。折からのスキーブームに乗って首都圏から買い手が殺到したのである。そんな熱気は跡形もなく消え去った今、取り残された「バブルの塔」は恐ろしく値下がりしている。かつて何千万円もした物件が、いまや数十万円でも買い手が見つからない。

湯沢町に限らず、買い叩かれた物件には〝歓迎されぬ住民〟が住み着くものだ。若い世代が〝姥捨山《うばすてやま》〟の如く老いた両親を住まわせ、結局は生活保護を申請するに至ったり、孤独死したりした例もある。犯罪者たちのアジトのようになっている場所もあるとされる。

そんなマンションがいくつも建っていたのでは、そのエリア自体がスラム化しよう。東京都も2025年をピークに人口が減ると推計されているが、地方から若者を集められなくなった〝未来の首都〟には、再開発によってとてつもなくハイテク化されたエリアと、幽霊屋敷化したマンションが哀れな姿を晒すスラム街とが混在しているかもしれない。

1-4 あなたの住まいで起きること

高級タワマンが、「天空の老人ホーム」に変わる

「マンション格差」は超高層マンションでこそ広がり、感情的なしこりも

キーワード
●民泊
●外国人投資家
●オールドタウン

勝手に「民泊部屋」に

大都市を中心にタワーマンションと呼ばれる超高層マンション(20階建て以上)の建設ラッシュが続いている。林立の状況にある東京のウォーターフロントなど壮観でさえある。

不動産経済研究所によれば、全国で２０１７年以降に完成を予定しているタワーマンション(２０１７年３月末現在)は２８５棟、10万６３２１戸に達するという。このうち首都圏が１８６棟、８万９１９戸で全国シェアの76・１%を占めている。

タワーマンションを核とした大規模な市街地開発は、古い木造住宅などの密集地を活性化させようと、公的補助によって促進されてきた。

当該自治体にしてみれば、住民が一挙に増えるタワーマンションは魅力的。保育所や

小・中学校などの整備費の財源確保に追われるのも嬉しい誤算といわんばかりだ。

だが、喜んでばかりはいられない。今後の出生数の減少を考えれば、再び校舎が余剰となる可能性が大きい。ようやく完成した頃に高齢者施設への用途変更を迫られるなどとなりかねない。コストがかさみ、財政圧迫に拍車を掛けることも予想される。

ところが、タワーマンションをめぐる課題は目の前で起こっているこうした問題だけでは済まない。空き家が広がったり、修繕が計画通り進まなかったりする状況とも無関係とはいかず、むしろこちらのほうが深刻だ。少子高齢化の影響はあなたの住むタワーマンションにも容赦なく襲いかかる。

タワーマンションの場合、一般的なマンションとは異なり、階層による〝格差〟が大きい。高層階に行くほど価格が高めに設定されているため、都心住居を志向して住宅ローンを設定して購入するサラリーマンなどは低層階に集中しがちだ。中・高層階を買い求めるのはいわゆるセレブや節税対策の富裕層、外国人投資家ということになる。階層により購入目的自体が異なるのだ。

とりわけ外国人投資家の場合は、東京都心部などでは不動産価格の上昇を当て込んで「売り抜け」を考えているため、部屋そのものを使用せず空き家状態にしている人が少なくない。いつでも取引できるよう、部屋を賃貸にも出さないことが多い。一方で、勝手に

「民泊部屋」にしてしまい、住民とトラブルとなったケースが社会問題にもなった。

もともと、マンションに対する思惑や価値観というのは、所有者によって大きな差があるものだが、タワーマンションというのは、管理組合の意思形成が従来の規模のマンション以上に難しい。一棟の区分所有者の人数が極めて多いためだ。

とりわけ外国人投資家には、管理費や修繕積立金に対して無理解な人も多いと言われる。「修繕が必要となったら、その都度支払えばよい」という発想を持つ人も少なくない。

ローンを抱えた高齢者だけが残る

タワーマンションに限らず、分譲マンションというのは、購入する人々の年齢層、家族構成、世帯収入を含めた経済環境も似たり寄ったりとなりがちだ。

人々が新たな住宅を取得するタイミングは、ある程度の蓄えができ、家族が増えたり、子供が成長してきたりしたときだろう。大規模な戸建て分譲住宅やマンションなど、どうしても似通った年齢層が購入することとなる。

現在、大都市圏の郊外に広がるニュータウンは、住民が高齢化して「オールドタウンになった」と揶揄されることがあるが、言うなれば、大規模なタワーマンションとは、ニュータウンを立体にし、天に向かって伸ばしたようなものなのである。似通った年齢層が一気に購入したタワーマンションの場合、やがて住民も一斉に年を取る。

こういう物件で住民が高齢化し始めると、エリア全体、マンション全体が急速に高齢化する。いまは憧れの的であるタワーマンションも、将来はさながら「天空の老人ホーム」のようになるところが出てくるだろう。タワーマンション全体が急速に高齢化すれば、空き家が増えるリスクも高まる。

築年数が浅いうちは、管理組合の運営も利害が一致して比較的スムーズに運ぶだろう。

ところが、築年数が30年以上となると、「似たり寄ったり」だったはずの所有者の家計状況に差がつくことになる。勤務先の違いや出世の状況によって収入差が開くからだ。定年までに健康を害して無収入となる人も出てくるかもしれない。住み替えできるだけの負担能力のある人は出て行き、ローンを抱えた高齢者だけが残ることになる。

30～40代の子育て世帯の人気を集めたタワーマンションの場合、住民が70代、80代になった頃に大規模修繕が求められるだろうが、戸数が多いぶん、その差がつきやすい。

これはタワーマンションに限った話ではない。都内のあるマンションでは、東日本大震災で外壁に亀裂が走った。中古で購入した若い世帯からは建て替えを求める意見が出された。ところが、完成時から住み続ける高齢世帯は「拠出する資金がない」とする現状容認派が大勢で、中年世代は耐震補強を主張。管理組合の話し合いは平行線をたどり、住民同

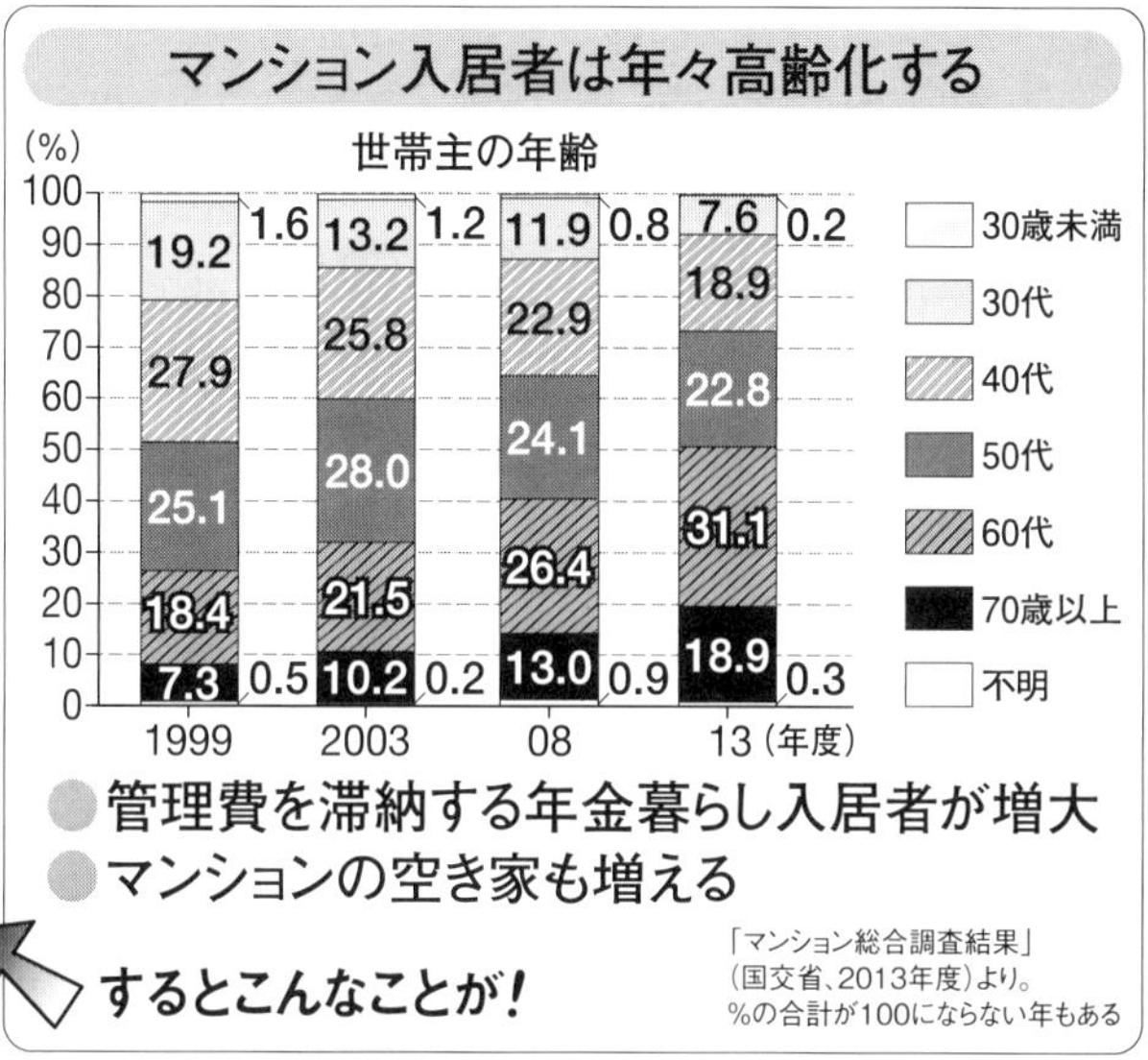

「マンション総合調査結果」
（国交省、2013年度）より。
%の合計が100にならない年もある

士に感情的なしこりが残る結果となったという。

これが所有者の多い大規模なタワーマンションであれば、建て替えするにせよ、大規模修繕するにせよ、合意をとりつけるのは至難の業であろう。

資産価値を損なう新たな要素

話は少し変わるが、少子高齢社会は、住宅の評価の在り方そのものを大きく変える。

これまで、マンションの価値は「立地」が大きく影響してきた。眺望やセキュリティーも重要な要素となってきた。都心などのビジネス街や商業地から遠く、しかも最寄り駅からバスに乗

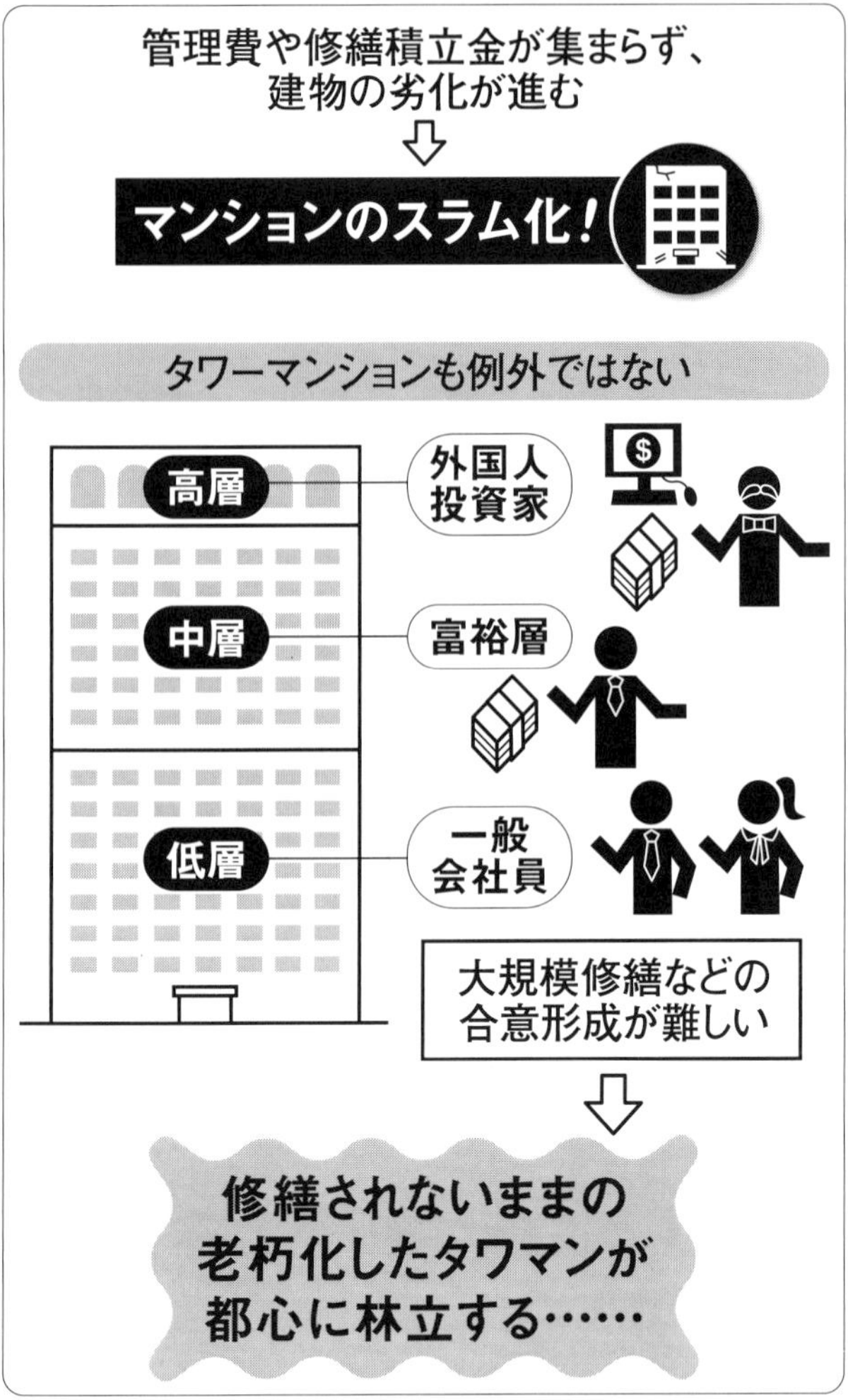
管理費や修繕積立金が集まらず、
建物の劣化が進む
マンションのスラム化！
タワーマンションも例外ではない
高層
中層
低層
外国人
投資家
富裕層
一般
会社員
大規模修繕などの
合意形成が難しい
修繕されないままの
老朽化したタワマンが
都心に林立する……

り換えなければならない不便なエリアでは、資産価値の目減りが速かった。こうしたことも、タワーマンションが人気を集めた理由の一つである。

ついでながら、戸建て同士で比較するなら駅までの距離、「東南角地」といった宅地の形状も物を言ってきた。ところが、少子高齢化や人口減少が進むと、これらのモノサシだけでは価値が決まらなくなる。かつての高級住宅街も空き家だらけとなれば魅力を失う。ましてや高台の見晴らしの良さが「売り」であったようなところでも、商店が建ち並ぶ駅の周辺まで急坂を上り下りしなければいけないとなれば、高齢社会では敬遠される。

平地の駅前物件に引っ越そうと思って売りに出したが、なかなか買い手が付かず、引っ越し自体を断念したという話は珍しくなくなった。資産価値を損なう新たな要素がクローズアップされるようになってきたのだ。

今後は、戸建てにせよ、マンションにせよ、資産価値の目減りを少しでも避けるためには世代の循環が不可欠だ。これからの物件選びには建物の見た目やロケーションだけでなく、その地域の高齢化率の将来予測も重要なチェックポイントとなるだろう。

戸建ての場合、なるべく多様な年齢層の人が交流するコミュニティーづくりを進めていく努力が欠かせない。若い層が集まりがちなタワーマンションの場合、入居者の年齢がなるべくバラつくよう、販売段階から工夫が求められよう。

2-1 あなたの家族に起きること

食卓から野菜が消え、健康を損なう

農業従事者の3人に2人はすでに65歳以上。収穫作業もままならない

キーワード
- 価格高騰
- 機械化の遅れ
- 進まない新規就農

なぜこんなに高いのか

２０１８年冬、政府に「非常事態」を宣言してもらいたくなるような水準にまで、野菜価格が高騰した。「食べたいけれど、鍋物は諦めようかしら……」などと、スーパーの野菜売り場で値札とにらめっこした人も少なくないだろう。

東京都中央卸売市場での２０１８年１月の卸値を見ると、ダイコンやハクサイは平年の2~3倍。ホウレンソウ、レタスといった葉物野菜やキャベツといった重量野菜も、平年に比べて異常な高値が続いた。

２０１８年は、国産野菜の価格は春先になって落ち着きを取り戻したが、こうした高騰ぶりは全国的かつ毎年のように見られる。

農林水産省の「食品価格動向調査」によれば、２０１７年12月最終週のレタス１kg当たりの全国平均小売価格は、平年に比べて約２・４倍の１２３０円を記録した。この価格では、１個売りは高すぎて手が出ない。

冷凍野菜やカット野菜、あるいはモヤシやトウミョウ、キノコ類といった比較的安価な品目を選ぶといった、消費者が生活防衛に走る姿はもはや「年中行事」といってもよい。

食卓を彩る野菜がたびたび高騰するのは、台風や長雨、寒さといった天候不順によるところが大きい。収穫期に産地を直撃すると、生産量が大幅に減り、それがたちまち価格に反映される。たとえば、２０１７年10月に上陸した台風21号は、東海地方から関東地方を抜けていったが、そのルートには冬のレタスやキャベツ、ダイコンなどの大産地が広がっていた。供給量が減ったまま回復していないのだ。

地球規模での異常気象が伝えられる現状では、農産物の価格高騰が収束するとは考えづらい。

農業を営む８割が60代以上

ところで、野菜の高騰に人口問題が深く関わっていることをご存じだろうか？　少子高齢化こそ、高騰の〝主犯格〟と言っても過言ではないのである。

農水省の「食料・農業・農村白書」（2017年版）を見よう。国内の経営耕地面積が30a《アール》以上、または年間の農産物販売金額が50万円以上の農家数は、2015年は133万戸と10年前（2005年）の196万戸と比べて、32％の減少となった。組織経営なども含めた全体数で見ても、一貫して減少傾向で推移してきた。

農業従事者の平均年齢を見てみると、1995年には59・6歳だったが、2005年には64・2歳となり、2015年には67・0歳と高年齢化が進んだ。跡継ぎが農業以外の仕事に就いたり、そもそも跡継ぎ自体がいない農家もいたりするということだ。

結果として、65歳以上が全体の65％と、3人に2人を占めるに至っている。対象を60歳以上に拡大したなら、全体の約8割に及ぶ。

問題は、農業従事者の絶対数が減り始めたり、単に高齢化が進んだりしたことだけではない。ひと口に農業と言っても、生産する品目は個々に違うわけだが、あまりに稲作に偏っていることが問題なのだ。

政府が稲作の保護を推進してきたこともあって、高齢の農業従事者が稲作に携わる傾向が強く、稲作従事者における65歳以上の割合は、1995年の50・9％から、2015年には76・5％を占めるに至った。極めていびつな構成だ。

実は、野菜は農産物の中でも特に栽培の手間が掛かる。田植えから収穫まで一貫して機

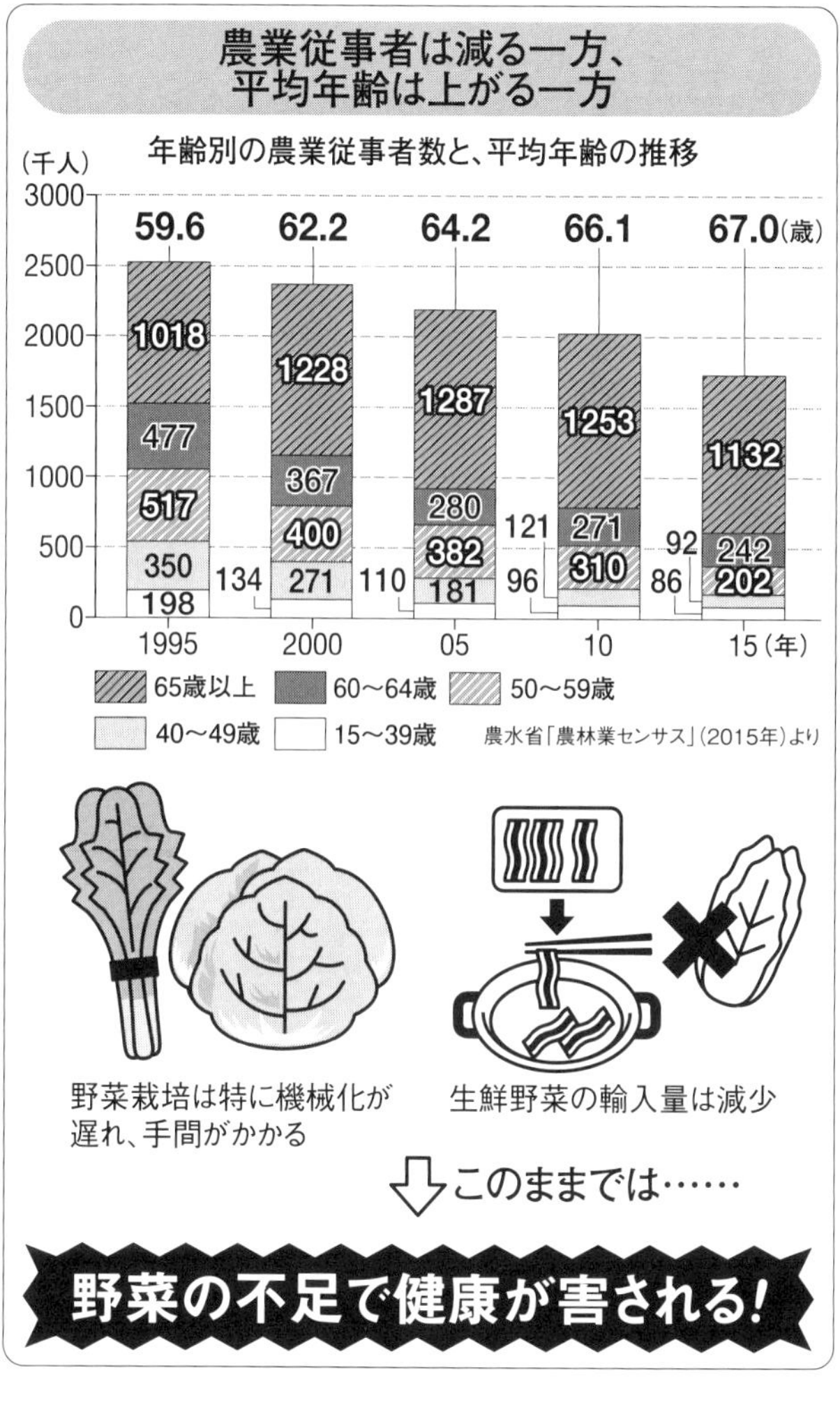
農業従事者は減る一方、
平均年齢は上がる一方
年齢別の農業従事者数と、平均年齢の推移
(千人)
3000
2500
2000
1500
1000
500
0
59.6
62.2
64.2
66.1
67.0(歳)
1018
477
517
350
198
1228
367
400
271
134
1287
280
382
181
110
1253
271
310
121
96
1132
242
202
92
86
1995
2000
05
10
15(年)
65歳以上
60〜64歳
50〜59歳
40〜49歳
15〜39歳
農水省「農林業センサス」(2015年)より
野菜栽培は特に機械化が
遅れ、手間がかかる
生鮮野菜の輸入量は減少
このままでは……
野菜の不足で健康が害される!

械化が進んでいるコメとは異なり、農機具の機械化はかなり遅れている。いまでも人手に頼って一個一個収穫するのが主流だ。こうした負担が、生産量の伸び悩む大きな原因となっているのである。機械化が進まなければ、高齢者にとっては体力的にきつい。人口が減って収穫作業などに応援を求めるのも困難となってきた地域では、機械化が進む稲作に専念する方向へ向かうだろう。

もちろん、こだわりの野菜づくりに挑む、若き就農者もいる。新品種や改良種の栽培に成功して高い価格で市場に出荷する成功者もいる。だが、曲がったキュウリを敬遠するなど、見た目にこだわる消費者も少なくない。手間暇かけた野菜を高く出荷するには、形や大きさを揃えることまで求められ、新規に野菜づくりに乗り出すためのハードルは高くなっている。

生鮮野菜の輸入量は減少

野菜生産に取り組んできた農家も高齢化が本格化し始め、今後はますます野菜づくりをする農家が減ることも予想される。

実際に、冬の高値の主役であったキャベツやハクサイ、レタス、ホウレンソウなどの葉物野菜やダイコン、ニンジンなどの根菜類といった露地野菜の生産者数も年々減少傾向にある。年齢構成を見ても、1995年には65歳以上は全体の38・1％だったが、2015年には58・3％を占める。とりわけ重量の大きいダイコンやハクサイなどの収穫は重労働であり、生産量はじわじわと減少してきている。農水省の調査対象となる主要な野菜全体の生産量では、1985年の1516万tから2016年の1318万tへ、13％も減少している。

同じ野菜でもトマトやナス、キュウリといった施設野菜は、大規模な温室による安定生産ができるのだが、こちらも高齢化は進み始めており、2015年の65歳以上の割合は43・9％である。

機械化による大規模農業ができないうえに、新規就農がなかなか進まず、既存農家の高齢化も進んできた。物流は複雑で、しかも生産者の高齢化は、予期せぬ天候不順への対応を難しくさせている。要するに日本の野菜生産は、求められる消費量に対して、精一杯の生産力で何とかこなしているという〝ギリギリの状況〟に置かれている。生産量に余裕がない分、コストを吸収する「ゆとり」もなくなる。これでは、少しでも天候不順などがあると、たちまち品薄となり、即座に価格に反映してしまうのも当然である。

近年、野菜の高騰が頻繁に起こっている裏側に、こうしたカラクリがあったことを知れば納得もいく。

ただ、あまりに頻繁な野菜の高騰はさまざまな支障をきたす。家計を気にして、ついつい野菜をあまり摂らない食生活を続けてしまうお年寄りもいるだろう。たとえば、十分な量の野菜を食べられないとなれば、やがて栄養バランスが崩れ、思わぬ病気につながりかねない。

あなただって例外とはいえない。食卓から野菜料理が減り、毎日の摂取量が少なくなっていったことが原因で、糖尿病の数値が悪化したり、ある日突然、心筋梗塞が起こって死に至る――などといった悲劇に襲われるかもしれない。少子高齢化とは、国民の健康をも脅かす深刻な事態なのである。

海外からの輸入も簡単ではない

国内生産が追いつかないのであれば、「海外から輸入すればよい」と考える人もいるだろう。しかし、これも簡単ではない。

かつては国産野菜が不足すると、スーパーマーケットなどが大量に海外から輸入していたが、中国で作られた冷凍ギョーザに農薬が混入していたことが発覚したり、中国産冷凍ホウレンソウから基準値を超える残留農薬が見つかったりしたことをきっかけとして、消費者の国産指向が極めて強くなったためだ。

輸入品目を細かく見ると、タマネギ、カボチャ、ニンジンといった日持ちする野菜や、加工業務目的の野菜の輸入量は多いが、生鮮野菜の輸入量は２００５年時をピークにむしろ減少しているのだ。生鮮野菜は長期間販売できるわけでもなく、スーパーとしても野菜不足だからといって、海外からの輸入には二の足を踏む。

こうした状況に対応すべく、近年は農家が協力し合って法人化する農業経営体も増えているが、その数は２０１５年時で１万１７０７と、全体から見るとまだまだ少ない。キャベツの収穫機の開発や温室栽培できる品目を増やす試みも進められているが、コスト面などクリアしなければならない課題はたくさん残っている。

自然を相手にする農業は天候に左右されがちとはいえ、価格の高騰があまりにも頻繁に起こったのでは消費者としては大変だ。価格が2～3倍などで済まされない状況になれば、冬の風物詩である鍋料理が、〝超高級料理〟となる日がやって来るかもしれない。

小中学校の統廃合が、子供を生活習慣病にする

少子化によって、部活は複数校の混成チームが常態化し、士気も上がらない

キーワード
●複数校合同チーム
●糖尿病
●夜更かし社会

児童より見学者のほうが多い運動会

最近はめっきり子供向けTV番組が減り、健康番組や昔のドラマの再放送といったお年寄り向けの番組が目立つ。

子供の数が減れば、当然ながら、子供を取り巻く環境も大きく変わる。

三大予備校の一つであった代々木ゼミナールが、27校あった校舎を7校へと大幅に縮小したニュースを覚えている人も多いだろう。少子化の影響は各方面に出始めている。

例えば、子供向けの雑誌。かつては、小学校に入学するときには『小学一年生』(小学館)や「学習と科学」シリーズ(学習研究社)といった雑誌を親から買ってもらうのが定番だった。学年が上がるごとに雑誌タイトルに付いた学年も上がっていくシリーズで、その

付録を使って友達と遊んだという思い出がある人も少なくないのではないだろうか。

ところが、少子化の影響で「小学△年生」シリーズは休刊を続け、とうとう「小学一年生」だけとなった。代わって2017年に創刊されたのが「小学8年生」だ。表紙にある「8年生」の白抜きの「8」を、使用する学年の数字に塗りつぶせば、1年生から6年生までのすべての数字に対応できるということである。

学校行事も様変わりしている。地方の小学校の運動会などでは、主役の児童より見学に来た親たちの人数のほうが多く、「父母参加の種目のほうが盛り上がった」などという〝本末転倒〟の場面をよく見かけるようになった。修学旅行もかつては大型観光バスが列をなして走っていたものだが、いまやマイクロバスで済みそうなところも。修学旅行客を当て込んでいたホテルからは悲鳴が上がっている。

高校野球のチーム編成にも、かつては考えもしなかった変化が現れている。2017年の鹿児島県の秋季大会で、プロ野球のオールスターゲームのような光景が見られたのだ。同じチームなのにユニフォームがバラバラで、その数7種類。各校の野球部員が不足し、7校の野球部員が集まって合同チームを結成したのである。

こうなると練習するのも大変だ。練習場まで自宅から何時間もかかる子もいるだろう。「同学年の仲間と久しぶりにキャッチボールした」「連携プレーの練習を初めてした」というのも頷ける。7校もの合同チームとなると、もし甲子園出場が決まろうものなら、どこの校歌を歌い、どこの校旗を掲げるのだろう……と余計な心配までしてしまう。

11校の部員を寄せ集めたチームも

こうした合同チームというのは、決して鹿児島県だけの特異なケースではない。子供の絶対数が多い東京都でも、2017年に開催された全国高校野球選手権の東京大会で、東側で5チーム、西側で2チームが合同チームとして出場している。それどころか、合同での部活動は、多くの種目で全国的な広がりを見せているのだ。

日本中学校体育連盟による2017年度の「合同部活動実施校数」の調査集計（速報値）によれば、調査対象となった22の競技種目で、合同チームは1022チームに及ぶ。4校以上で構成されたチームは34チームあったという。

最も多いのが軟式野球の441チームだ。バレーボール166チーム、サッカー138チーム、ソフトボール136チームなどが上位に並ぶ。人気の団体種目が、必要な人数を集め切れず、試合に出るために苦労している状況が浮かびあがった。

都道府県別で一番多いのが東京都だ。軟式野球の32チームを筆頭に、6競技種目の61チームが合同チームであった。東京に次いで、大阪府が51チーム、鹿児島県48チーム、兵庫

少子化の影響で合同部活動実施校が増えている

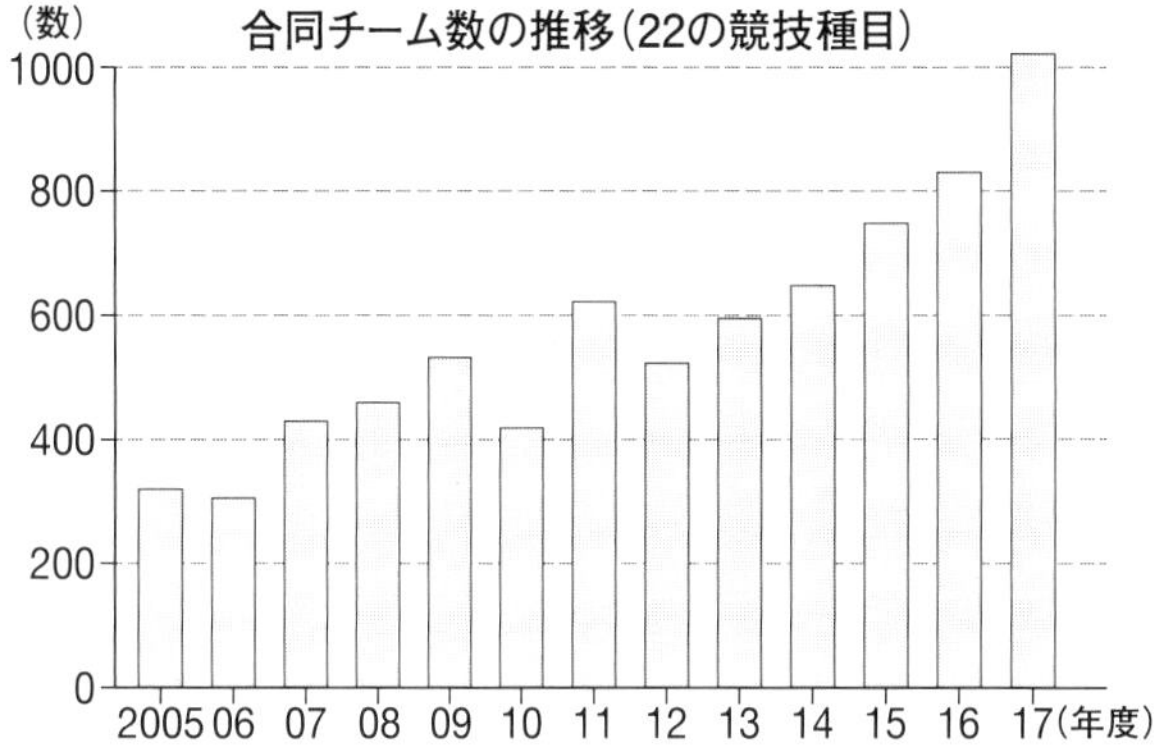

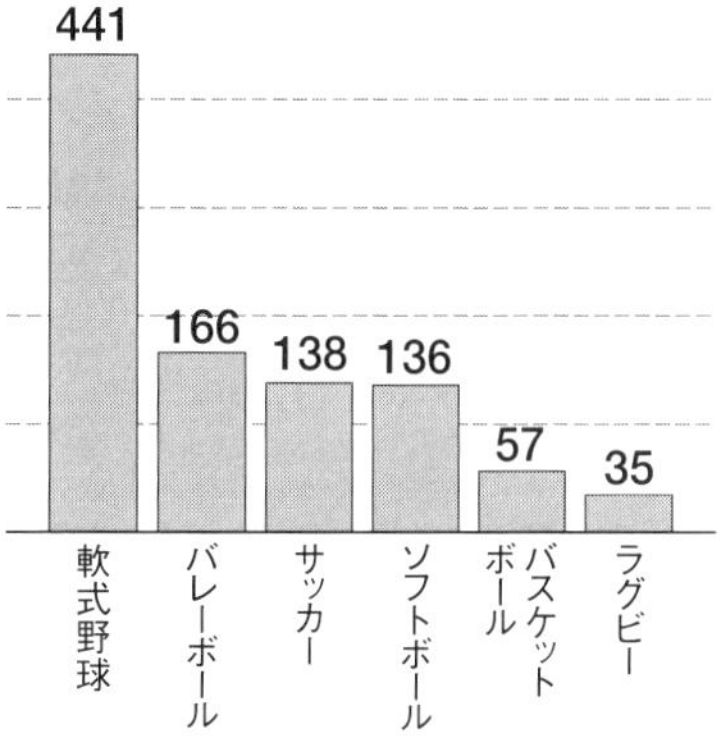

合同チームが最も多いのは軟式野球

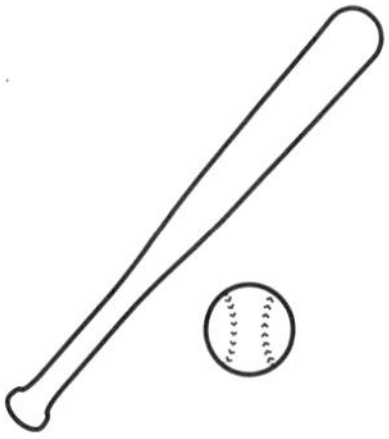

「『合同部活動実施校数』の調査集計(速報値)」(日本中学校体育連盟、2017年度)より

実際、鹿児島県では、高校野球の大会で、こんなことが!

同じチームなのにユニフォームが**7**種類も!!

応援団や校歌斉唱はどうなっていくのか……？
練習場所に通うのがタイヘン……。

⇩

「学校対抗戦」の原則が崩れていく

県47チーム、愛媛県42チームの順だ。都市部を抱える都府県も例外ではないことが分かるだろう。

遠距離通学する生徒がいる高校も、事情は同じである。全国高等学校体育連盟によれば、２０１７年７月現在で部員不足に伴う複数校編成チーム（希望申請を含む）は39都道府県の３１８チームだ。11校の部員からなる大混成チームまである。

同連盟の「複数校合同チームによる大会への参加についての考え方」という資料によれば、合同チームによる大会参加は「あくまで部活動にひたむきに取り組んでいる生徒に発表の場を提供するための教育的配慮に基づくもの」という位置づけだが、同連盟は学校の統廃合に伴う複数校合同チームについても想定している。

少子化がさらに進めば、中学校や高校の統廃合も増えることだろう。子供数が極端に減ってしまう県も出てくる。都道府県で代表校を選ぶという大会の仕組みはもとより、学校対抗戦を原則とする各競技種目の在り方自体が見直しを迫られることにもなろう。

大切に育てられ、子供は不健康に

学校の部活の種目が減った結果、やりたいスポーツができなかった子供も出てくるだろう。少子化とは、興味をもった種目にチャレンジする機会を奪うことでもある。

だがそれだけでなく、子供たちが身体を動かす機会そのものを奪いかねない。むしろ心配なのは、子供たちの健康への影響だ。

実際、身体を動かさない子供たちが増えてきている。スポーツ庁の「全国体力・運動能力、運動習慣等調査」(２０１７年度)が、体育・保健体育の授業を除く１週間の総運動時間を調べているが、小学校５年生の場合には男子の６・４％、女子は11・６％が１時間未満であった。１時間未満と答えた人のうち、全く運動していないと回答した人が男子は45・６％、女子も35・５％に上るのだ。

調査は中学校2年生についても調べているが、1週間の総運動時間が1時間未満という人は男子6・5％、女子は19・4％。小学5年生と同じく、1時間未満と答えた人のうち、全く運動していないと回答した人が、男子は75・2％、女子も70・0％に及んだ。

身体を動かさない子供が増えた背景には、少子化によって子供数が少なくなったことがある。子供数が少ないが故に、親が一人ひとりにお金をかけられるようになった。学習塾や習い事に行く子供を増やしたのだ。結果として、平日の放課後が忙しくなって、友達と遊び時間が合わなくなった子供も増えた。

一方で、兄弟姉妹が減ったうえに、スポーツや外遊びの仲間が身近にいるケースが減ってきたこともある。遊ぶ仲間が少なかったりいなかったりすると、集団行動がなかなかとれなくなり、外遊びを考え出しにくくなるという悪循環を招く。

TVゲームのような室内型の遊びへ向かってしまう子供も増えた。都市部のタワーマンションで上層階に住む子供は、室内で遊ぶのを好むようになるとの指摘もある。

小学生の1割超が脂質異常

これに対し、地方では小中学校の統廃合が進み、遠距離の通学を余儀なくされる子供たちも少なくない。こうした地域ではバスや電車の便も悪く、毎日歩いて通学するのではなく、親が学校まで送り迎えをしているといったケースも多々見られる。

例えば、香川県だ。小学4年生を対象に調査をした「香川県小児生活習慣病予防健診結果の概要」（2016年）によると、通学時の自動車による送り迎えは6・3％に上る。

さらに、周囲は大人ばかりという環境にいると、子供たちは「大人の生活リズム」に引っ張られ、夜型の生活になりがちだ。「2015年版　子ども・若者白書」（内閣府）によれば、2011年の10〜14歳の平均就寝時刻は22時24分である。

睡眠不足に陥って朝食を食べなかったり、慢性的な疲れから、つい糖分を摂取し過ぎたりして栄養バランスが崩れてしまう、子供の生活習慣の乱れも目に付くようになった。

生活リズムの乱れは成長の遅れや集中力低下、慢性的な眠気・疲労感などをもたらすだけでなく、将来的な高血圧や脂質異常症といった生活習慣病につながるとの指摘もある。

先に紹介した「香川県小児生活習慣病予防健診結果の概要」は、血液検査データの分析も行っているが、脂質異常は男子11・9％、女子13・8％だ。肝機能異常も男子12・9％、女子9・8％だった。こうした数字だけでは確かなことは言えないが、中高年の病気と思われがちな生活習慣病が低年齢層にも広がっていることを窺わせる。

子供数の減少が、子供同士で過ごす時間を減らし、それが子供たちの運動不足や睡眠不足につながっていく。少子化は、子供たちの健康までも蝕み始めているのである。

2-3　あなたの家族に起きること

80代が街を闊歩し、窓口・売り場は大混乱する

高齢者が高齢者に商品説明。……いつまで経っても、終わらない

キーワード
●高齢ドライバー
●エレベーター不足
●バリアフリー

やむにやまれず外出する80代

独り暮らしの高齢者にとって特に困るのは買い物や通院であろう。マイカーが運転できなくなれば公共交通機関に頼ることになるが、それが少ない地域では、思った時間に移動できない。そんな時に「お助けパーソン」となり、現実的な解決策として期待を集めるのが移動販売や宅配といったサービスだ。企業やＮＰＯ法人、社会福祉法人などが手掛け、国や地方自治体が補助金などを出して支援を行っているケースも多い。

ただ、こうした移動販売や宅配も経営実態は火の車のようだ。総務省が２０１７年に公表した「買物弱者対策に関する実態調査」によれば、２０１６年時点で継続中の１９３事業のうち、１０６は赤字経営だった。「黒字または均衡」と答えた87事業のうち30は補助

独り暮らしの高齢者は生きるために外出しなくてはならない

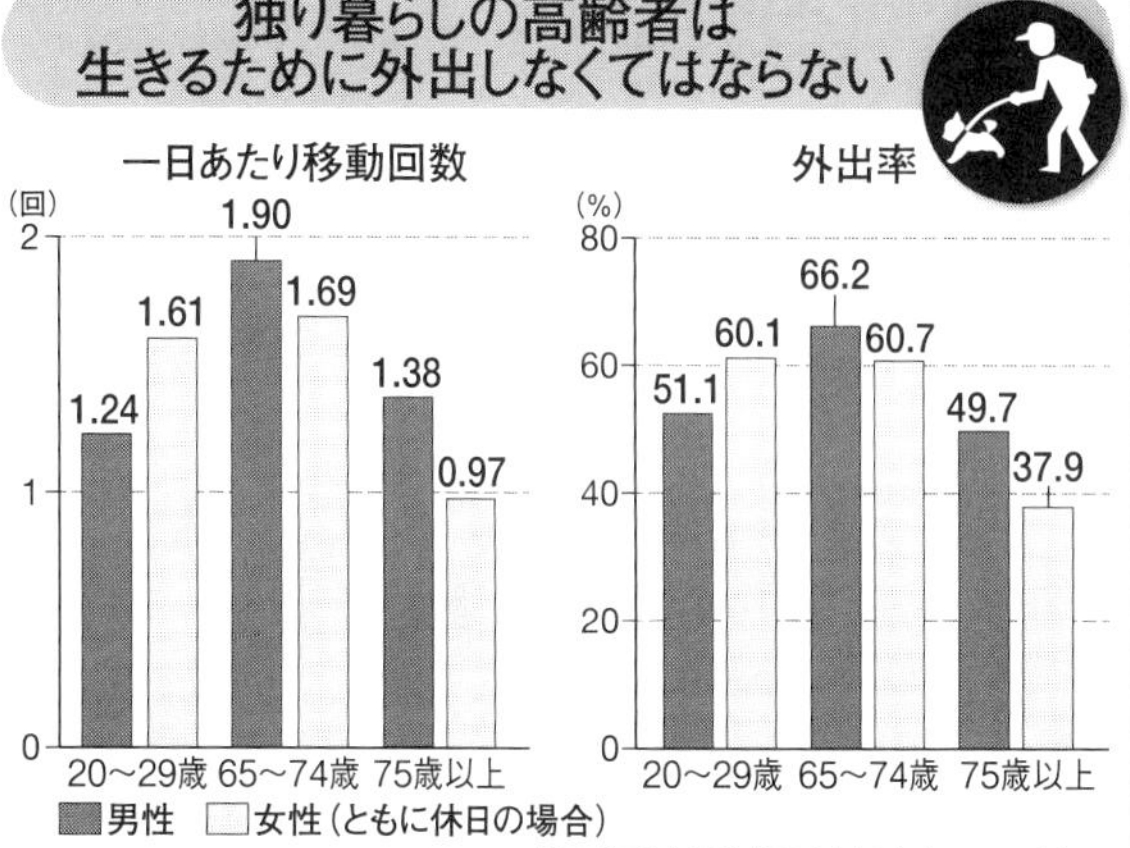

「全国都市交通特性調査」(国交省、2015年)より

「高齢化した高齢者」が外出すると……

金などで赤字補塡をしており、実質的には7割にあたる136事業が赤字経営なのだ。

中山間地域や過疎化が進んでいる地域を中心に、利用者数や売り上げが伸び悩み、2011年度から2015年度の5年間に31事業が継続を断念し終了していた。

移動販売の拡充が難しいとなれば、結果として「やむにやまれず外出する高齢者」が増える。

こうした高齢者の増加を裏付けるデータがある。国土交通省が全国70都市を対象として概《おおむ》ね5年に1度実施している「全国都市交通特性調査」(2015年)によれば、外出する人の割合は平日が80・

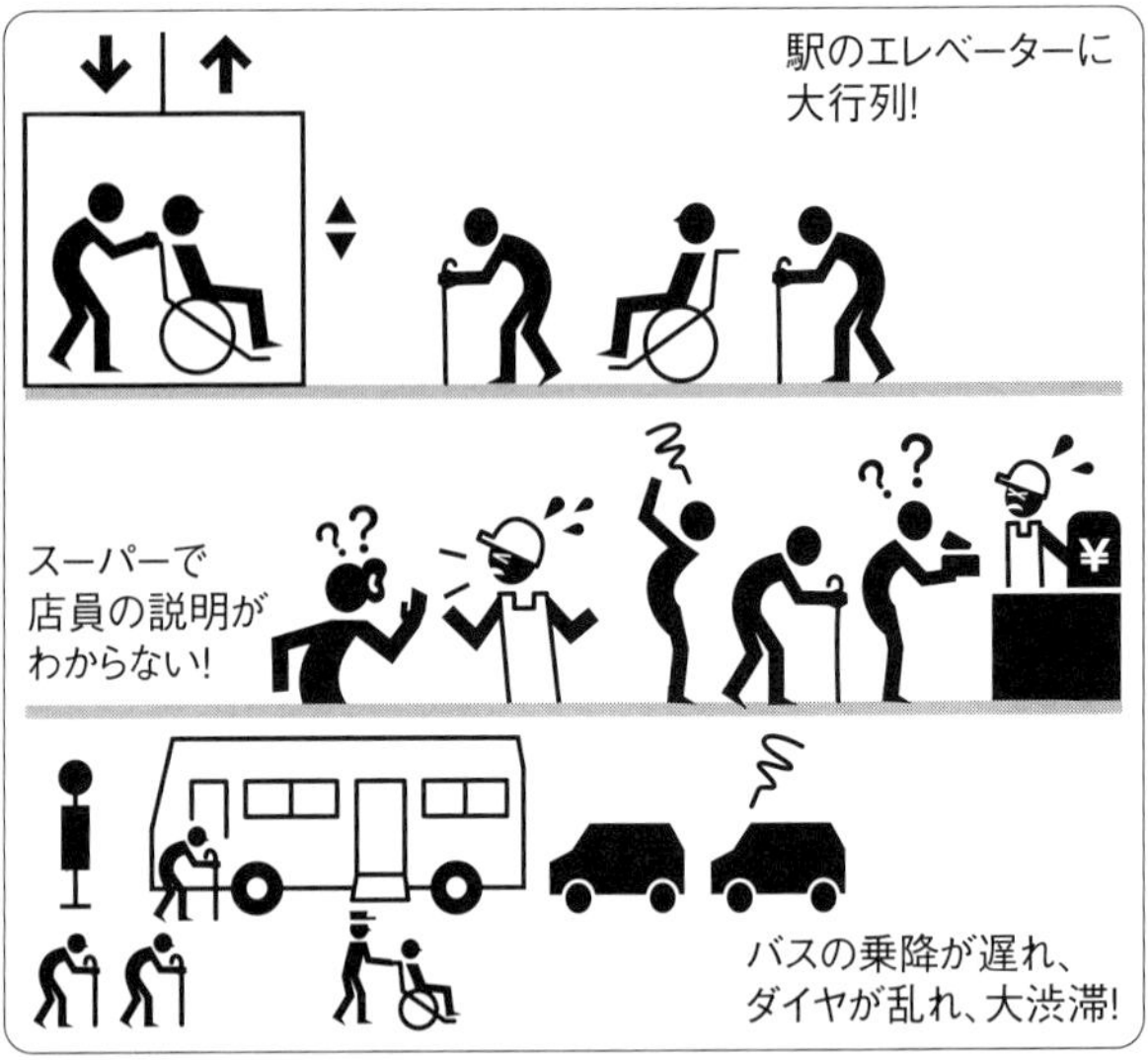
駅のエレベーターに
大行列!
スーパーで
店員の説明が
わからない!
バスの乗降が遅れ、
ダイヤが乱れ、大渋滞!

９%、休日が59・９%となり、１９８７年の調査開始以来、最低を記録した。ただし、これを年齢別に分析してみると、休日に限っては減少傾向の20代を65〜74歳が上回っているのだ。

１日当たりの移動回数で比べるとさらに分かりやすい。平日は20代の１・９６回に対し、70代は２・１０回だ。休日も20代は１・４３回だったが、70代は１・６０回であった。

平日の場合、75歳以上は男性が64・７%、女性も51・６%が外出している。65〜74歳（男性79・５%、女性71・８%）は、全世代平均（男性85・２%、女性76・９%）と比べても遜色ない外出率である。休日はむしろ65〜74歳（男性66・２%、女性60・

7%）が、全世代平均（男性61・6%、女性58・4%）を上回った。

もちろん、若々しい高齢者が増えてきたこともある。だが、やむにやまれず外出する80代の増加が数字を押し上げている面を見逃してはならない。

高齢ドライバーの恐怖

ところで、外出した高齢者はトラブルなく目的地までたどり着けているのだろうか？

高齢者が、どのような交通手段を選んでいるかを確認しよう。

65〜74歳では自動車を運転する人が多い。とりわけ地方都市圏では自動車は「生活の足」であり、平日には男性は70・2%、女性も33・4%が自ら自動車を運転している。これが三大都市圏になると、男性40・6%、女性16・7%に低下する（全国都市交通特性調査、2015年）。鉄道・バスが発達しているからだ。

高齢者の外出といえば、高速道路の逆走をはじめとする自動車事故への懸念に関心が集まる。警察庁によれば、2017年に道路交通法が改正されて75歳以上のドライバーの認知機能検査を強化したが、同年に検査を受けた高齢ドライバー196万2149人のうち、「認知症の恐れがある」との判定が下された人は5万4072人（2・8%）に上った。

2017年に交通死亡事故を起こした75歳以上のドライバーのうち、検査を受けた3

85人の49％にあたる189人が、認知症や認知機能の低下があると判定されていた。ちなみに75歳以上の運転免許所有者は約540万人に及ぶ（2017年末現在）。

一方で、今後は「高齢化した高齢者」の絶対数が増える。「やむにやまれず外出する高齢者」についても「高齢化した高齢者」がかなり含まれることだろう。75歳以上の外出率の高さを考えれば、80代で外出する人が増えていくのも当然の流れだ。自動車運転によるトラブルと同様に、これからは鉄道やバスをめぐる高齢者の移動が大きな課題になる。

エレベーターの数が足りない

では、そのとき何が起こるのだろうか？

誰しも80代となると、若い頃と同じようにはいかない。判断力は鈍り、機敏さがなくなる。駅の階段を上り下りするだけでも一苦労だ。独りで外出するとなれば、誰かに手助けを求めようとしてもままならない。

高齢夫婦でどちらかが車いすを使用して通院するケースも増えてくる。だが、現在のバリアフリー水準では、とても対応できないだろう。

鉄道各社は法律に基づきバリアフリー化に取り組んできた結果、確かに一昔前に比べればエレベーターやエスカレーターの設置は大きく進んだ。「鉄軌道駅における段差解消への対応状況について」(国土交通省)によれば、1日当たりの平均利用者数が5000人以上の大きな2892駅のうち、97・8%にあたる2828駅で段差を解消する措置がとられている。3000人以上の駅まで含めても93・7%だ(2017年3月末現在)。ちなみに、対象を全駅に拡大すると59・2%まで落ち込む。駅の構造上スペース確保が難しいところもあるだろう。

問題は設置率ではなく、各駅のエレベーターの数と稼働能力のほうである。エレベーターのある駅でも、上下線のホームに1基ずつというのが実情だ。地上と改札階とを結ぶエレベーターも1基というところが多い。

車いすに対応しているエレベーターでも、1基に乗り込める車いすはせいぜい1台である。仮に10人の使用者が1ヵ所に集中したならば、エレベーター前に長い列ができる。

可動式のリフト(昇降機)しかない駅などもっと悲惨だ。駅員の力を借りるため、設定してから実際に移動を完了するまでにさらに時間がかかる。階段や段差の移動に思った以上に時間がかかり、大事な予定に間に合わなかったというトラブルも出てこよう。

「はじめに」でも触れたが、高齢者の外出が増えれば、電車のダイヤ乱れも懸念される。現在、東京や大阪といった大都市では、多い時間帯ならば、数分に1本の間隔で電車を走らせている。そんな芸当が可能なのは、乗客の大多数がテキパキと動ける世代だからである。最近、電車内には高齢者が増えてきた印象を持つが、その高齢者はまだ、こうした「人の流れ」についていける年代である。

だが、乗降に駅員の手助けを要する「高齢化した高齢者」が増えればこうはいかない。過密ダイヤでの運行はできず、もっと余裕のある運行本数へと変えざるを得なくなる。

公共路線バスはなおさらだ。バス停ごとに杖を手にした高齢者が待っているとすれば、いくら低床バスであっても乗り降りに時間がかかる。スタッフは運転手一人。運転席を離れてサポートに回らなければならないとしたら、バス停ごとの停車時間は長引く。

国交省の「交通政策白書」（２０１７年版）によれば、乗り合いバスのノンステップ車両の適合率は50・１％（２０１５年度末現在）だが、三大都市圏以外の地域では32・５％であり、10％前後の県もいくつかある。

国交省は東京圏の主要鉄道路線について平日の遅延状況もまとめているが、２０１６年度の場合、45路線のうち64・４％にあたる29路線で遅延証明書を月間10日以上発行している。そのうち22路線が「小規模な遅延」（10分以下）が最多であった。多くは駆け込み乗車と見られるが、先日乗った地下鉄では、杖をついた高齢者が降りる際に転倒し、周囲の乗客に救助されていた。「高齢化した高齢者」が増えれば、こうした事故も増えるだろう。

電車内でも問題は生じる。国交省の「鉄軌道車両のバリアフリー化設備整備状況」

（2017年）によれば、車いすスペースのある編成数は、編成総数の73・0％だ。ただ、すべての車両に車いす用のスペースがあるわけではない。

影響はこれ以外にも想定される。駅の表示案内の文字が小さすぎて読めないとか、音声による行き先案内がはっきり聞き取れない人は増えてきている。複雑な構造のターミナル駅では道に迷う高齢者も増えるだろう。電車の乗り間違いも多く出てこよう。

「何を買いに来たのかしら？」

一方で、「高齢化した高齢者」の外出機会が増えれば、街なかでもいろいろな変化が生じる。デパートやスーパーマーケットといった売り場の光景も変わるだろう。

若い世代の顧客ならば、自分の欲しい商品を求めて売り場に出向き、色や柄、サイズ、さわり心地といったところの確認だけをして購入する。買い物の目的が明確なお客さんが大多数で、商品説明をスムーズに行えるとなれば、経営者は、最少人数の店員を配置することで総人件費を抑制しようとするだろう。

だが、判断力が衰えた「高齢化した高齢者」の買い物客はそうはいかない。店員から商品説明を受けても1回ではなかなか理解できない。支払いに戸惑い、さらに時間がかかったりもする。それどころか、「私は何を買いに来たのかしら？」と買うべき品物を忘れてしまい、予定していなかった物だけ買って帰ってしまう人さえいる。

自治体の窓口業務も、金融機関のATMなどもそうだ。市役所の窓口に各種手続きのために訪れた高齢者が、身分証明書の提示を求められ、慌てて鞄をひっくり返すように探すとか、駅前に1台しか設置されていないATMを長時間にわたり〝占拠〟しているといった光景を時折、見かけるようになった。

その間、窓口やATMの前には長蛇の列ができる。忙しい業務の合間を縫って役所を訪れたビジネスパーソンが、次の仕事の時間を気にしつつイライラしながら待っている場面も日常茶飯事となるかもしれない。

売り場ではコストを抑制するため、ギリギリの店員数でしのぐ小売店は少なくない。高齢者が増えるからといって、店員を増やせるところばかりではないだろう。役所の窓口で待たされる時間が長くなれば、その人の会社の労働生産性が落ちることにもなる。

多くの80代が街を闊歩していることを前提として対応策を考え、社会やビジネスの有り様を変えていくことが求められている。

2-4 あなたの家族に起きること

老後の資金が貯まらず、「貧乏定年」が増大

長く勤めても賃金が上がらない団塊ジュニア世代。「8050問題」も深刻化する

キーワード
- 団塊ジュニア世代
- 8050問題
- 2042年問題

賃金抑制が少子化を加速させた

日本の高齢化は、高齢者の絶対数が増えるだけではない。あなたの周りには、貧しい高齢者が目立ってくる。今後、低年金、あるいは無年金の高齢者が増えていくのは一体なぜだろうか？

現在の40代以下の世代の中には、「失われた20年」の影響で、思うような職に就けなかった人が多く含まれる。低収入で年金保険料を納めることができなかった人も少なくない。何とか年金保険料を支払ったとしても、厚生年金に加入していないので、将来の年金受給額が少ない国民年金となる。それも未納期間があったりする。

団塊ジュニア世代といえば、大学などの卒業時が、バブル経済崩壊後の「就職氷河期」

と重なったため、不安定な働き方に変わった象徴的な存在でもある。インターネットや物流システムの進歩で、発展途上国の多くが日本の製造水準と遜色ない製品を作れるようになり、それを世界中に運べる時代となった。

ところが、日本企業の多くは、それら人件費の安い国々との価格競争にのめり込んでいった。この時代に新卒期を迎えた団塊ジュニア以降の世代は、そのあおりを受け、非正規雇用の「安い労働力」として追いやられていったのである。

いつの時代も、少しでも安い物を求めるのは消費者心理である。インフレ経済に慣れていた多くの人々は、デフレで目先の商品価格やサービス価格が下がることをむしろ歓迎した。価格を抑えるためにコストダウンせざるを得なくなった企業は、賃金カットと新卒者の採用抑制にどんどん踏み込んでゆかざるを得なくなったのである。

そのツケは少子高齢社会に思わぬ形で、しかも大きく返って来る。団塊ジュニア世代以降の多くの若者の賃金を抑制し、不安定な働き方に追いやったことは、日本の少子化を加速させることにもなった。結婚したい、子供を持ちたいと思っても、低所得や不安定な雇用でできなかったのである。夫と妻がいずれも非正規雇用者というカップルも誕生したが、中には子供をもうけることを諦めた人もいる。妊娠・出産した妻が辞職に追い込まれることになりかねないためだ。夫婦がいずれも200万円台の収入しかなく、2人合わせて何とか生活費を捻出できていた家庭は、妻が仕事を失った途端に生活が成り立たなくなる。

正規雇用となった人でも、30代の家族形成期にリーマンショックに見舞われ、子供を持つことに消極的となったカップルが少なくない。

非正規雇用労働者は10年で倍増

この世代以降の世代が、いかに厳しい雇用環境に置かれてきたかを示すデータがある。まずは、総務省統計研修所の資料「親と同居の未婚者」から見よう。親と同居する壮年未婚者（35〜44歳）は2016年時点で288万人に上り、この年代の16・3%を占める。1980年には39万人で2・2%だったことを考えれば、凄い伸びである。

2015年は17・0%であり、2016年は僅かながら減ったのだが、これにはわけがある。団塊ジュニア世代のトップバッターである1971年生まれが、統計の分類上の1つ上の年齢層（45〜54歳）に移行したためだ。35〜44歳人口そのものが、ピークである2012年の1889万人から、2016年には1769万人と、120万人の大幅減となっている。

288万人の中には、親の収入に依存せずに暮らしている人もいる。むしろ、親を介護したり、生活面で支援したりするために独身のまま同居している人も含まれる。ここで問題にすべきは、親の収入によって生活している人たちの多さだ。完全失業者および無就業・無就学者と臨時雇い・日雇いとなっている人のことであるが、2016年の場合、35～44歳は52万人、45～54歳は31万人で計83万人に及んでいる。ちなみに、もう少し若い20～34歳の134万人も加えれば、実に217万人となる。

もう一つデータを追いかけよう。独立行政法人「労働政策研究・研修機構」は、25～34歳の非正規雇用労働者を「若年非正規雇用労働者」、35～44歳の非正規雇用労働者を「壮年非正規雇用労働者」と呼んで分析を試みている。この機構の「壮年非正規雇用労働者の仕事と生活に関する研究報告」（2015年）によれば、25～34歳の雇用労働者に占める非正規雇用労働者の割合は、2002年の20・5％から2014年には27・9％へと増加している。

これに対して、同じ期間の35～44歳の雇用労働者に占める非正規雇用労働者の割合も24・6％から29・6％へと増加している。壮年非正規雇用労働者を実数で見ると、259万人から397万人へと53・3％の増加であり、若年非正規雇用労働者の増加率（12・6％）を上回っていることが分かる。

壮年非正規雇用労働者といえば、かつては既婚女性が定番だった。いまや、既婚女性だけではなく、男性や未婚女性、離死別女性の非正規雇用労働者数・割合も確実に増加しているのである。

35〜44歳の男性の場合、雇用労働者に占める非正規雇用労働者の割合は2002年から2012年にかけて5・6％から8・1％へと増加した。未婚女性についても24・2％から33・9％へと増加している。これを実数で確認すると、35〜44歳の男性もしくは未婚女性の非正規雇用労働者数は、この10年間で51万人から104万人へと倍増しているのだ。

2013年以降も35〜44歳の男性の非正規雇用労働者の割合は上昇し続けており、2014年には9・6％に達している。未婚女性と離死別女性の合計数を見ても、2013年の40・3％から2014年の42・9％へと増加。実数では、35〜44歳の男性または未婚女性と離死別女性の非正規雇用労働者数は、2014年時点で149万人となっている。

深刻すぎる8050問題

同機構が東京都の25〜34歳の若者を対象に実施した「第4回　若者のワークスタイル調査」（2017年）によれば、25〜29歳の場合、フリーター経験者は2001年には高卒者が43％を占め、大学・大学院卒者は11％であったが、2016年は大学・大学院卒者が40・6％にまで拡大し、高卒者は18・7％に減っている。フリーター経験者の高学歴化が

親と同居する35〜44歳は、ここ40年間で急増した

親と同居の壮年未婚者（35〜44歳）数の推移

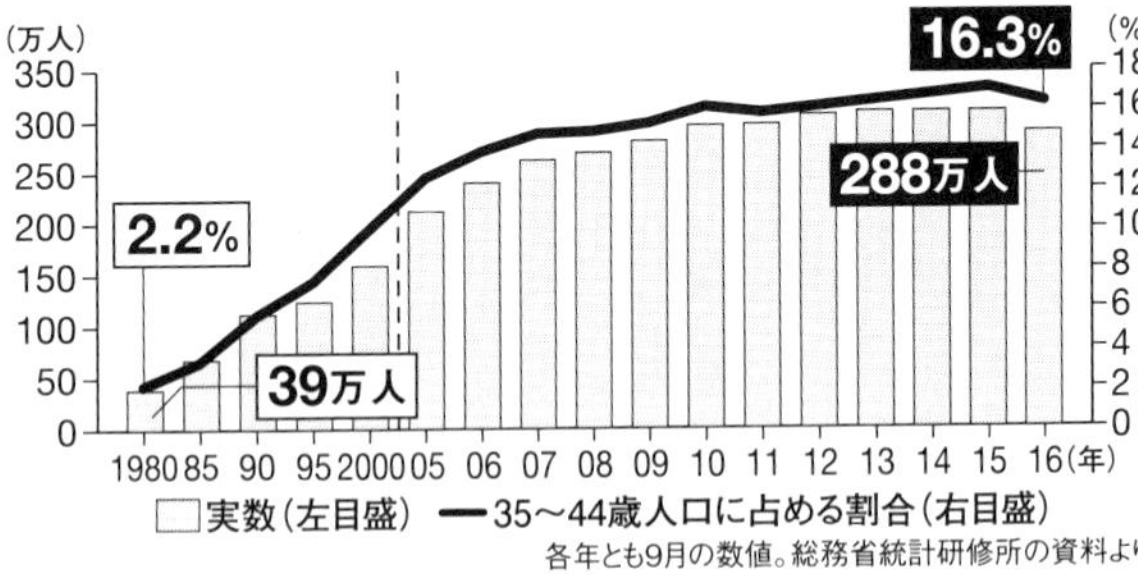

各年とも9月の数値。総務省統計研修所の資料より

親の収入で生活している人たちは
217万人もいる！（2016年時点）

さらに！

進んでいることがよく分かる。

フリーターとなった理由については「やむを得ず」が男性34・6％、女性34・7％でいずれもトップだ。「ステップアップ」と答えた人は男性28・6％、女性26・7％と男女とも2位であるが、これにも「やむを得ず」に近い思いの人が含まれることだろう。

フリーターから正社員への道が険しいことも、同調査は明らかにしている。正社員になろうとした人は男性77・4％、女性66・0％だったが、そのうち正社員になれた割合は男性が61・9％、女性に至っては40・8％に過ぎない。

こうした不安定な働き方をしている

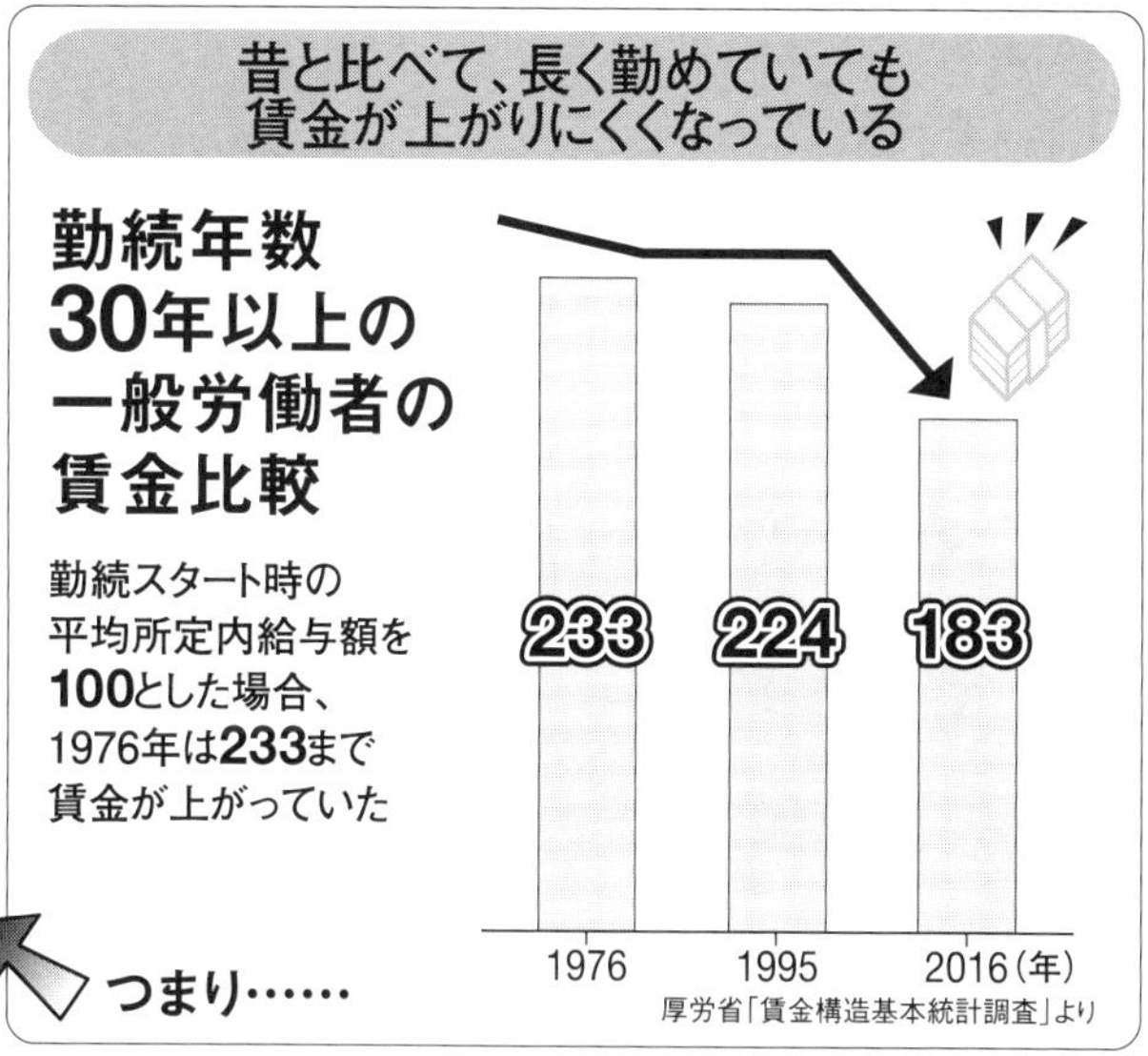
昔と比べて、長く勤めていても
賃金が上がりにくくなっている
勤続年数
30年以上の
一般労働者の
賃金比較
勤続スタート時の
平均所定内給与額を
100とした場合、
1976年は233まで
賃金が上がっていた
233
224
183
1976
1995
2016（年）
つまり……
厚労省「賃金構造基本統計調査」より

人が、まだ大きく社会問題化していないのは、先の総務省統計研修所の資料でも説明した通り、親に依存して生計を成り立たせているからだ。

親が亡くなるか、大病を患ってこうした不安定な雇用の子供世代を養い切れなくなった途端、彼らの生活は破綻する。先にも述べたように、低年金・無年金で、しかも自分自身の老後に向けた蓄えができていないためだ。

１９８０年代に「ひきこもり」が社会問題となったが、「ひきこもり」が長期化して30年の歳月が流れ、当時10～20代だった若者は40～50代となった。親の世代も70～80代と高齢化し深刻になっている。「80代の親と50代の

団塊ジュニア世代には、
正規・非正規にかかわらず
「貧乏定年」を迎える人が多い！

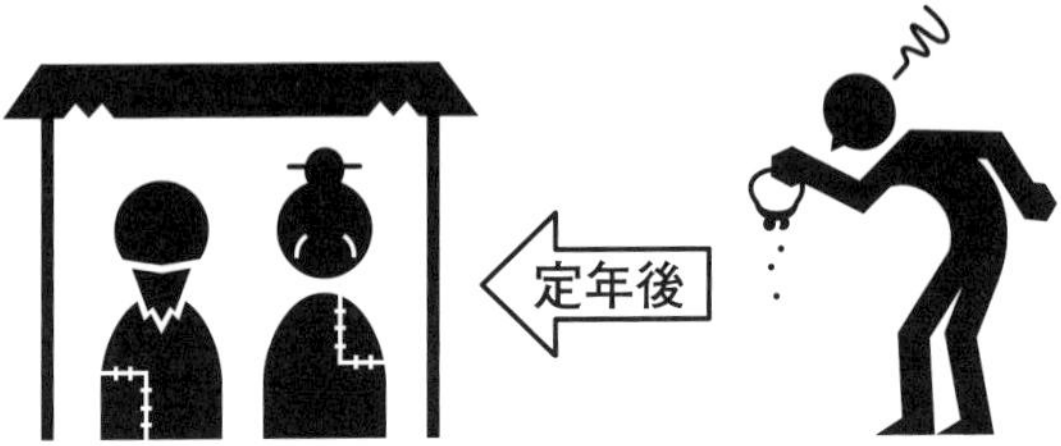

彼らを支える税負担が増大し、
「逃げ切り世代」も逃れられない事態に！

子」という意味で、「**8050問題**」といった言い方もされる問題だ。

親の残した財産や土地を相続できる人もいるだろうが、親だって寿命が延びる時代に自分の老後生活費に充てざるを得ず、今後は預貯金を使い切ってしまうというケースも増えよう。土地などがあっても、人口減少社会では不動産の価値も大きく目減りする。

「8050問題」が最も大変になるのは、高齢者数がピークを迎える2042年だ。団塊ジュニア世代の先頭が70歳となる年である。私はこれを**2042年問題**と呼んでいる。

仮に、こうした貧しい世代の老後をすべて生活保護で対応しようとすれば、20兆円近い追加費用が必要になるという政府の研究機関の試算もある。

この世代を支える「次の世代」というのは、現在の高校生や中学生といった世代だが、少子化が進んだ影響で団塊ジュニア世代の6割ほどしかいない。人口ボリュームの小さい「次の世代」に負担を押しつけることなど、到底、不可能な話だ。

出世を遅らせて人件費を削減する

一方、この世代は正社員になった人にも問題がないわけではない。勤務先の経営状況が芳しくなく、賃金を抑えこまれたまま、年齢を重ねた人も少なくないからだ。運が悪ければ、勤務先の経営が傾いたり、倒産したりして転職や再就職を余儀なくされている。

安定した企業に就職できた人でも、年功序列の賃金体系が崩れ、長年働いても賃金が伸びなくなっている場合がある。現在の40代は、バブル経済期に大量採用された先輩社員に出世を阻まれ、賃金がなかなか上昇しづらい環境にある世代でもある。終身雇用が当たり前だった世代と比べ、総じて年金受給額が低くなる見通しだ。すなわち、十分な老後資金を蓄え切れずにいる可能性が大きいということだ。

とりわけ割を食った形になったのが団塊ジュニア世代だ。40代といえば仕事に脂がのる頃だが、ポストが空かず、長年ヒラ社員に留め置かれている人も少なくない。団塊ジュニア世代は人数も多いことから、彼らの出世を遅らせることで人件費の削減効果が上がるようにしようという動きも一部の企業に見られた。

まずは現状を確認しておこう。厚労省の「賃金構造基本統計調査」によれば、男性正社員・正職員の２０１７年の賃金は３４８万４０００円で、45〜49歳は４０４万９０００円だ。これを年齢層別に対前年増減率で比較してみると、前後の年齢層がマイナス０・７％であるのに対し、この年齢層はマイナス１・８％と突出して下がっている。

一般的に40代といえば大学を卒業して入社し、20年のキャリアを積み重ね、組織の中心的な役割を担う世代だ。しかし、実際の40代（40〜49歳）の労働者のうち、部長職や課長職に就いている人を調べると、その割合は緩やかにではあるが年々減少の傾向にあり、出世できないでいる社員が増えていることが分かる。

２００５年には、40代の一般労働者のうち、部長職に就いている人の割合は４・０２％、課長職は14・１％だった（賃金構造基本統計調査）。

それが２年後の２００７年には部長職３・８２％、課長職13・９％、２００９年は部長職３・６４％、課長職12・６％と下落している。

この傾向は直近まで続き、２０１６年は40代の部長職が２・５％、課長職が11・２％となった。つまり40代の団塊ジュニア世代に該当する社員は、約10年前と比べておよそ半分の水準で出世できていないという計算である。40代になっても名ばかりの肩書きで、実質的には「ヒラ社員」のまま留め置かれている人が相当数存在しているだろう。

どの世代も逃げ切れない

この賃金構造基本統計調査をもとに、「労働政策研究・研修機構」が作成した勤続年数ごとの給料の伸び率を求めた「賃金カーブ」を見てみよう。

高度経済成長を経て安定成長期に入った１９７６年は、勤続年数が15～19年の人の平均給料が、初任給に対して約２００％の伸び率を見せた。ところが、１９９５年の伸び率は１５０％をなんとか超える程度に落ち、２０１６年時となると、さらに鈍化して１５０％を切っている。しかも勤続年数が増えても給与の伸び率の傾きは非常に緩やかなままで、勤続年数が20年以上の人になると、ほぼ横ばいである。

社会保障と経済成長を主テーマとした「厚生労働白書」（２０１７年版）も、年代別に賃金動向の分析を試みている。１９９６年から２０１６年にかけて、5年ごとに所定内給与額の変化を追いかけているが、所定内給与額の減少率が大きい年齢層が、経年に合わせてスライドしている。

すなわち、バブル経済が崩壊した１９９１～１９９３年の景気後退期以降に就職した世代は、景気の長期低迷が続いたために大企業を中心に行われた賃金制度の見直しによって、年功的な賃金カーブが抑制され、その影響が現在まで続いているということだ。

これらのデータからは、長く勤めても賃金が上がりづらくなっている実態が読み取れる。かつての「年功序列」が完全に終焉したことを裏付けているといえよう。

「厚生労働白書」は、2人以上世帯における1世帯あたりの貯蓄額現在高も調べているが、40～49歳の場合、300万円未満の割合は1994年の19・5%から、2014年は31・5%に拡大しており、老後に向けて十分な蓄えができていないことを窺わせる。

賃金上昇を抑えこまれ老後に不安を感じているこうした人に加えて、前半に紹介したように不安定な働き方や低収入を強いられてきた人々も少なくない。彼らが老後の生活資金を蓄え、あるいは再チャレンジできる年齢にあるのも、あと数年だ。彼らが高齢者となるまで、何の対策も講じなければ、全国民で彼らの老後を支えざるを得なくなるだろう。

居酒屋などで「自分たちは『逃げ切り世代』で良かった」などと語っている高齢者をたびたび見かけるが、こうした世代も当然のことながら税負担増という形で、就職氷河期世代の老後の支えに対し応分の責任を負うことになろう。

逃げ切り世代の「逃げ」が許されない大問題が、ここにはある。

3-1 あなたの仕事で起きること

中小企業の後継者不足が、大企業を揺るがす

企業の約3割に後継者がいない、「大廃業時代」がそこまで迫っている

キーワード
- 黒字経営の廃業
- 連鎖倒産
- 技術の海外流出

経営者が高齢化するほど売り上げは落ち込む

日本経済を下支えしてきた中小企業。少子高齢化は、こうした縁の下の力持ちの存在を危うくする。経営者の高齢化が企業活動にも大きな影を落とし始めているのだ。

中小企業庁の「中小企業白書」（2017年版）が、2006年と2015年の中小企業経営者の年齢構成を比較しているが、60代は29・9％から37・0％、70代は12・1％が19・1％へとシェアが増加。これに対して、50代は36・2％から23・1％、40代以下は19・4％が15・8％へと減っている。

経済産業省の資料でも経営者の高齢化は確認できる。中小企業経営者の平均引退年齢は70歳だという。2015年時点で70歳に達している経営者は34万人、2025年までに70

歳になる経営者58万7000人も含めると約93万人を数える。

経営者の高齢化がもたらす影響の一つは、高齢化するほど売り上げが落ち込むことだ。中小企業庁の委託調査（2016年）が直近3年間で売上高の増加した企業を経営者の年齢別に比較しているが、30代の経営者の企業では51・2％なのに対し、60代の経営者の企業では21・8％、70歳以上の経営者では14・4％にとどまった。人間は年を取るとともに冒険をしなくなるものだが、「守り」に入るのは経営者も例外ではないということだろう。

問題はそれだけではない。むしろ深刻なのは後継者不足のほうだ。

中小企業白書にも取り上げられた「『休廃業・解散企業』動向調査」（東京商工リサーチ、2016年）によれば、倒産件数が2008年の1万5646件をピークに下降線を描く一方で、休廃業や解散は増加傾向となってきた。2016年は2万9583件（前年比8・2％増）で過去最多となった。2000年は1万6110件だから2倍近い水準だ。業種別に見ると、「サービス業他」の26・9％と建設業の25・4％で半数を占めている。

「サービス業他」について、中小企業白書（2017年版）が10年前からの増加幅を分析しているが、非営利的団体や政治団体などを除いて一番大きかったのは、一般診療所（335件増）だ。これに食堂・レストラン（271件増）、土木建築サービス業（210件増）、経営コンサルタント業、純粋持株会社（186件増）、歯科診療所（169件増）が続いた。

もちろん、休廃業や解散した企業には若き経営者のところも含まれるが、経営者の年齢を確認すると、60歳以上が82・4％（2016年）を占め過去最高となった。10年前に比べると50代が半減する一方で、70代および80歳以上の構成比率が増え、80歳以上の14・0％も過去一番となった。高齢社会を迎えてこうした傾向はさらに強まるとみられる。

廃業した会社の半分が黒字経営

中小企業経営者の平均引退年齢とされる70歳を超える経営者が2025年に約93万人になると仮定すると、経産省の資料によれば、個人事業者約152万人を加えると約245万人に及ぶ。そのうち約半数の127万社（日本企業の約3割）では後継者が決まっていないという。まさに「大廃業時代」が迫っている。

看過できないのは、休廃業・解散前に黒字や高収益だった企業が少なくない点だ。中小企業白書（2017年版）によれば、2013年から15年までに休廃業・解散した6405社のうち黒字企業が50・5％。利益率10％台が13・6％、20％以上も6・1％に上った。

生存企業の利益率の中央値は2・07％であり、この水準を上回りながら休廃業・解散に追い込まれたところが32・6％もあった。高収益ながら廃業した企業の約96％は従業員20人以下だ。経営者の年齢では60歳以上が約7割を占めており、黒字経営をしていながら

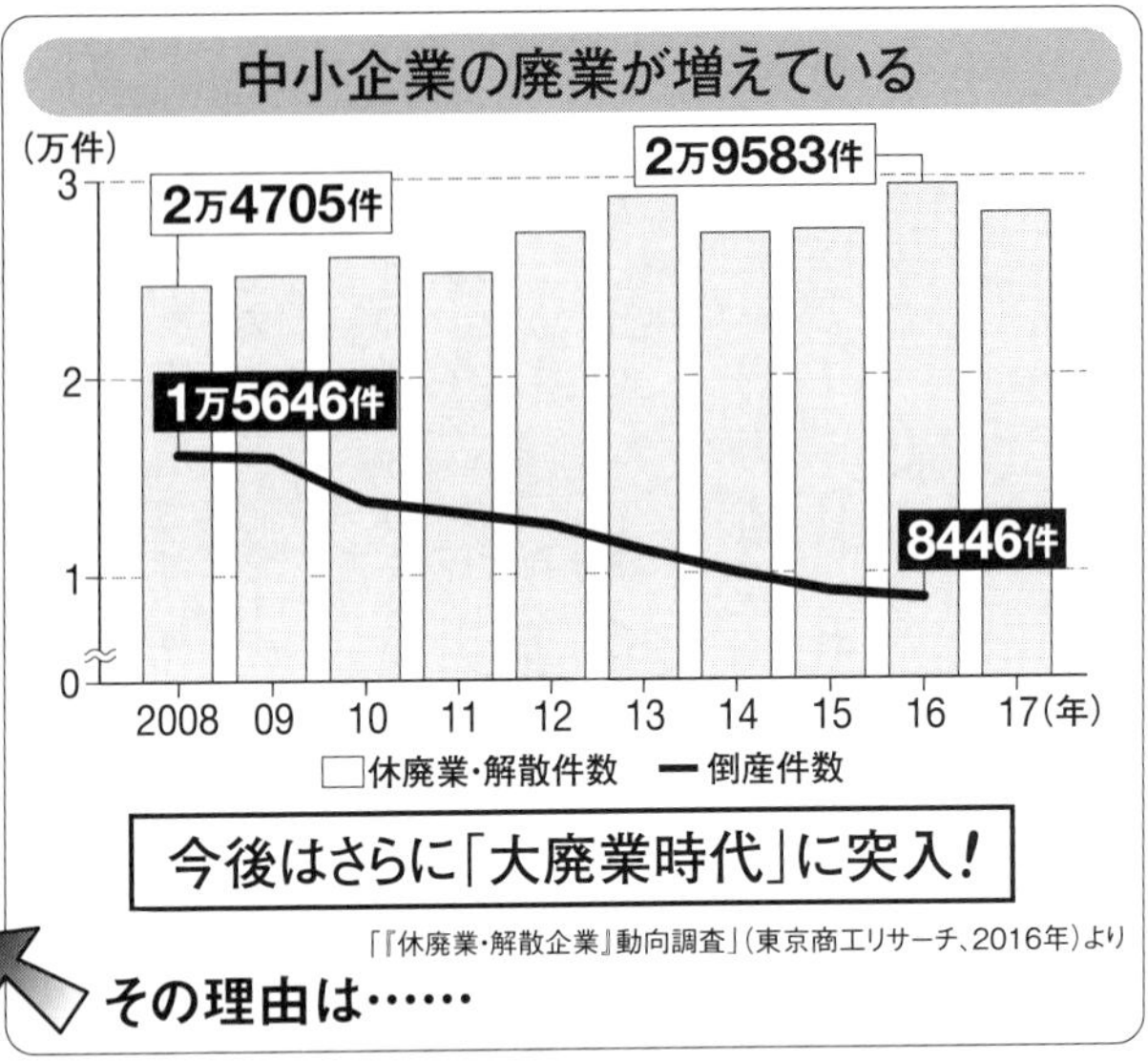

後継者不足によって廃業せざるを得なかったことを物語る。これは極めて異常な事態だといえよう。

大休廃業時代の到来を「潰れる企業の問題」として片付けてはならない。というのも、休廃業・解散をきっかけに、熟練した技能を持つ従業員が引退や職種替えを迫られれば、特許技術や優良技術は途絶えるからだ。外国企業への事業部門の売却・移管、外国企業に再就職する人の増大は技術の海外流出となり、国際競争力の落ち込みにもつながりかねない。

さらに忘れてはならないが、地域生活にとって欠かせない業種の休廃業は、地域の存続自体を危うくする。

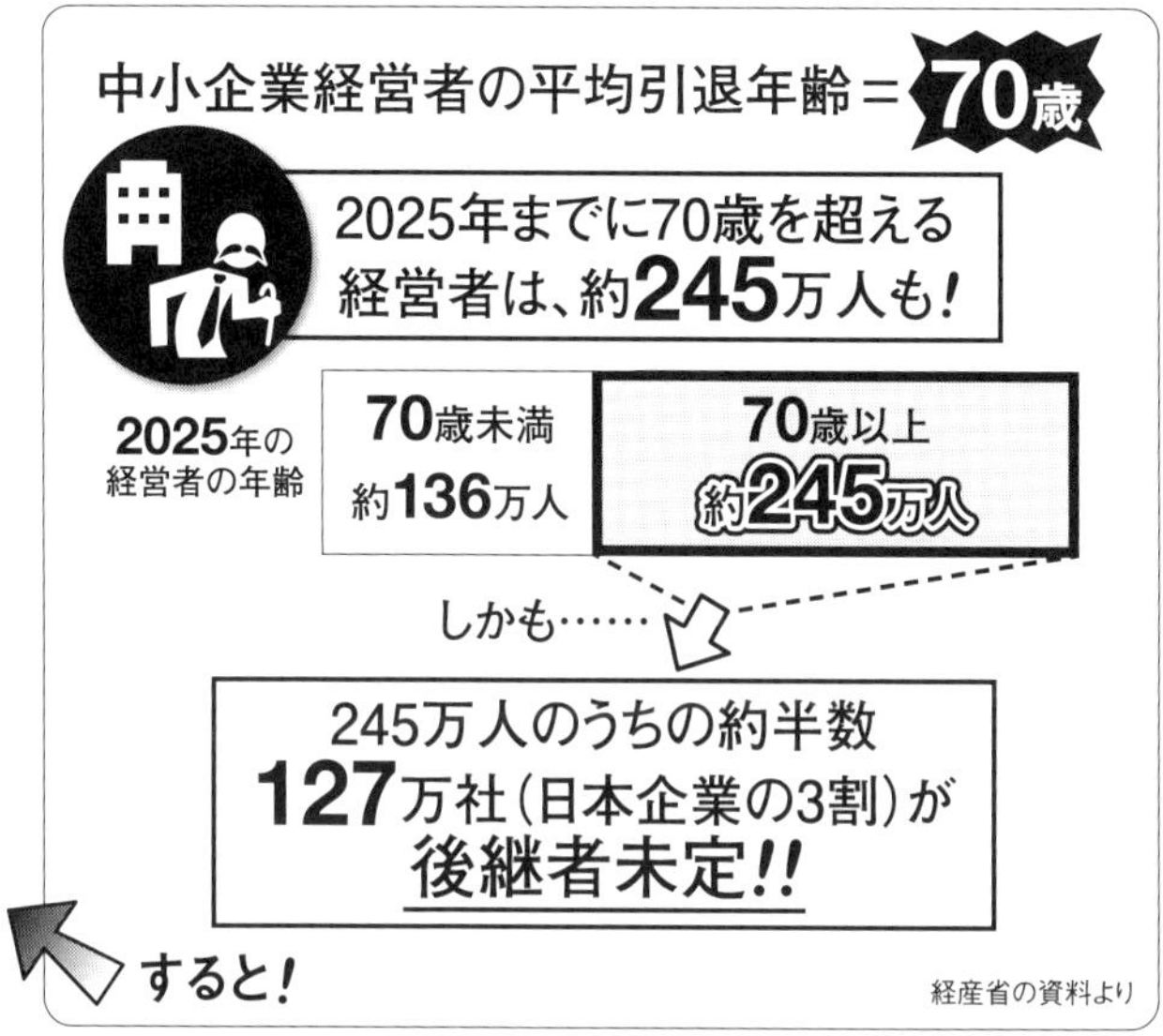
中小企業経営者の平均引退年齢＝70歳
2025年までに70歳を超える経営者は、約245万人も！
2025年の経営者の年齢
70歳未満 約136万人
70歳以上 約245万人
しかも……
245万人のうちの約半数
127万社（日本企業の3割）が
後継者未定!!
すると！
経産省の資料より

後継者不足は、若者がすでに少なくなった地方ほど厳しい。経産省の資料によれば、経営者が60歳以上の法人の割合は秋田県66・7％、島根県62・8％、佐賀県60・9％、北海道60・3％、茨城県58・9％である。

財務省の「財務総合政策研究所」が公表している「フィナンシャル・レビュー」（2017年第3号）の「地域別企業数の将来推計」が、地方の厳しさを裏付ける分析結果をまとめている。

地域別の人口減少や年齢別の人口構成の変化を織り込んで創業や廃業を予測したものだが、全国の企業数は2015年末の402万5398社から、2040年末には295万62

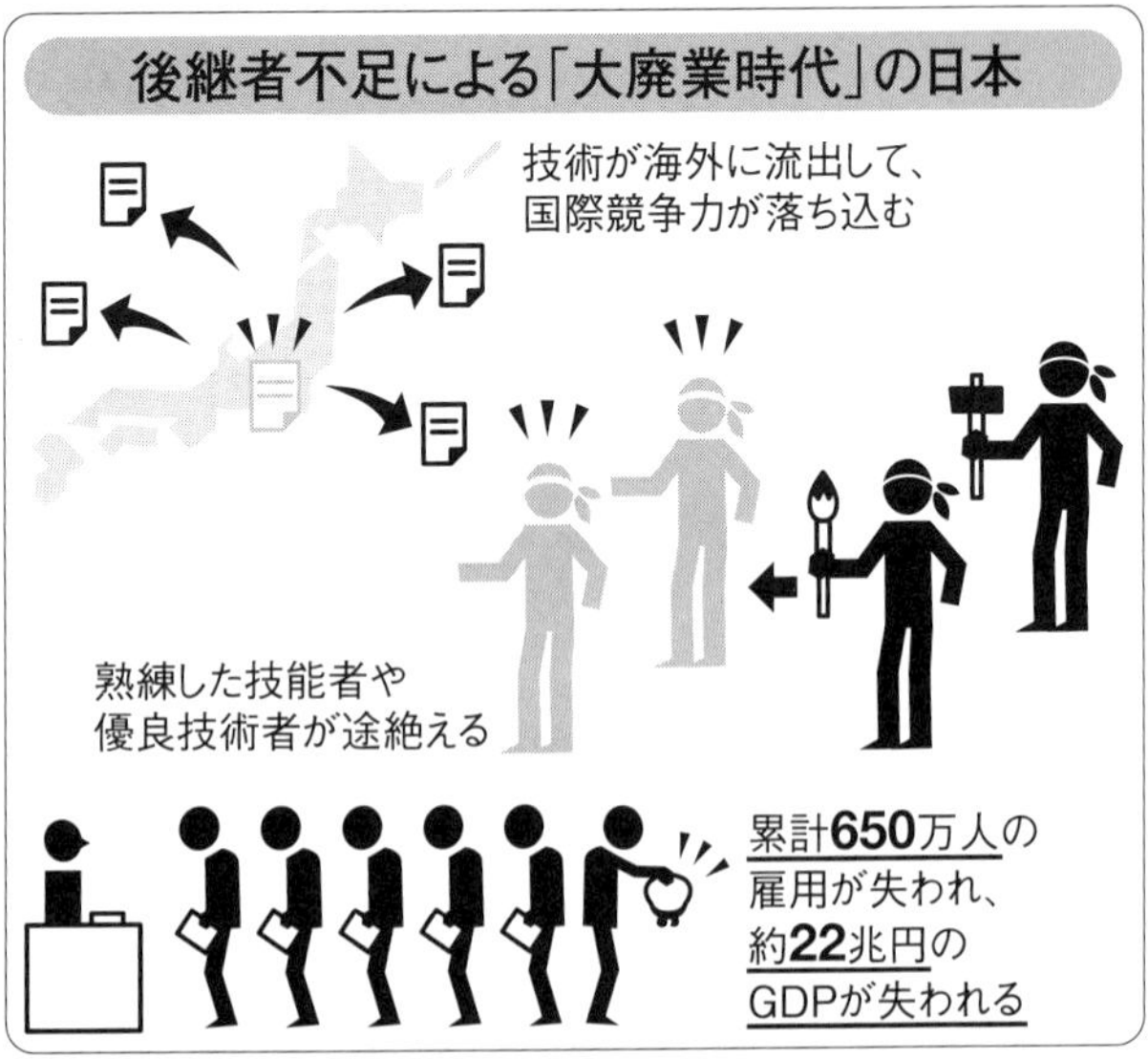

４５社に減る。これに伴い、従業者数も５８４５万７１４３人から、４５９８万１３６７人へと激減すると推計。その上で、減少率が全国一律ではないと強調している。

例えば企業数で見ると、山形県が４万４０００社から１万９０００社へと55・６％減るのに対し、埼玉県は17万８０００社から19万２０００社へと７・９％増加するという。従業者数も高知県は28万７０００人から16万９０００人へと41・０％も減少するが、埼玉県は２６３万３０００人から２６３万２０００人と微減である。企業、従業者とも大都市部により集中するということである。

２０２５年までに６５０万人の雇用が奪われる

しかも、それは現在の経営者の引退による廃業で、企業の減少は２０１５年から２０２５年に集中するという。この間に減少するのは約83万社で、その後の減り方は緩やかになる。さらに２０２５年頃には、ほとんどの都道府県で従業者数の減少スピードが生産年齢人口の減少スピードを上回るとみている。企業の大都市部への集中は、地域経済に打撃を与えるだけでなく、ますます地方の人口流出が加速するという悪循環を招くことになろう。

地域にかかわらず、高収益の中小企業の休廃業・解散は、取引先の企業にとっても大打撃である。当て込んでいた仕事が突如として頼めなくなったのでは、連鎖倒産するところも出てこよう。あなたの会社だって、いつ大事な取引先が廃業してしまうか分からない。

経産省の資料は、２０２５年までに経営者が70歳を超える法人の31％、個人事業者の65％が廃業すると仮定しており、２０２５年頃までの10年間で６５０万人の雇用が奪われ、約22兆円の国内総生産（ＧＤＰ）が奪われる可能性があると予測している。日本経済の成長分野に資する技術力やノウハウを持つ中小企業の廃業は、それこそ日本全体の「衰退」へとつながりかねない。

中小企業白書（2014年版）によれば、親族内承継は減少傾向にあるというが、少子化の影響を考慮すれば、この流れはさらに加速するだろう。代わって増えているのが内部昇格や外部招聘《しょうへい》だ。少子高齢化時代に高収益の中小企業を存続させようと思えば、合併や買収（M＆A）をもっと拡大させていかざるを得ない。

そのためには、まず投資家や若手経営者が、成長力を持ちながら後継者不足に悩む中小企業の情報を簡単に得られるよう、「取引所」の整備なども含めて態勢を整えることだ。後継者不足に悩む企業の内容をデータベース化し、企業買収時の税制優遇や、成長分野に参入しやすくするための規制緩和も推進することで企業再編につなげていくのである。

経営者は早くから将来設計を描き、「誰に譲るか」を決断しておくことが求められる。

3-2 あなたの仕事で起きること

オフィスが高年齢化し、若手の労働意欲が下がる

2040年には働き手の4割は50歳以上。斬新なアイデアは湧かず、ポストも不足

キーワード
●モチベーションの低下
●健康経営
●膨らむ総人件費

社員は高年齢化しながら減っていく

「新卒者を採用できなくなってきてねぇ……」

全国各地から数多くの講演依頼をいただく中で、地元企業の経営者の方々などの声にできるだけ耳を傾けるよう心掛けているが、こんな嘆きを最近よく聞くようになった。

先日も地方金融機関のトップとの意見交換会に参加する機会をいただいたが、「給与水準を上げてもなかなか思うような人材が確保できなくなった」と、ぼやいておられた。

これまで人手不足といえば、景気の波に左右されるところが大きかった。だが、今後は若者の絶対数が減少してしまうことの影響が、比重を増してくる。

もちろん、若者に人気のある業種というのは時代ごとに変化する。同じ業種であっても

企業個別に業績は違うので、強気な採用戦略を立てられる企業もあれば、応募者集めにひと苦労という企業もある。

ただ、２０１７年に94万１０００人だった出生数は、２０３３年には79万７０００人と、80万人台を切る。単純計算すれば、毎年１万人ずつ減るようなものだ。こんなに速いペースで縮小していくのでは、現時点で順調に採用ができている人気業種や企業であっても、いずれ計画通りの人数を集めるのに苦労することになろう。

これから勤労世代は激減していく。社人研の推計によれば20〜64歳は７１２２万７０００人（２０１５年）から、４１８９万３０００人（２０６５年）へと、41・２％も減る。

あまり語られないが、看過してならないのは、勤労世代の絶対数が減るだけではなく、この世代の中で高年齢化が進みながら減っていく点だ。２０１５年国勢調査によれば、20〜29歳が１２３８万人であるのに対し、30〜49歳は３４００万人、50〜64歳は２３９０万人である。それぞれの年齢層の全員が仕事をしているわけではないが、単純計算をすれば、すでに50歳以上が３分の１を占めている。高年齢化はさらに進み、社人研の推計によれば、２０４０年には50歳以上が占める割合は４割となる。

新卒者を思うように採用できない企業では、必然的にベテラン社員への依存度が増すこととなる。業種によって異なる部分はあるが、労働力人口の高年齢化を各職場に置き換えて考えると、多くの職場で20〜30代の社員が目立って少なくなり、40〜60代が主軸として最前線に立たねばならなくなるだろう。あなたの職場も例外ではない。

ベテラン社員は、仕事に対する知識や熟練度は高いかもしれないが、年齢とともに行動を起こす意欲が鈍くなる。これまでの仕事の進め方に固執する人も増える傾向にある。事業にしても新たなチャレンジを回避しがちだ。

仕事は若手からベテランまで多様な年代がいてこそ、斬新な発想やアイデアを実用的な商品やサービスに結びつけられるものである。ベテラン勢だけでは発想が古く、「ズレ」も出てくる。今後、労働力不足の解消には高齢者の就労促進を図っていかなければならないとはいえ、ある年齢層以上に偏ったのでは、業務は円滑に進まず、生産性を上げるのは難しい。

40代でも新人の仕事をせざるを得ない

実際のところ、こうした職場における「高年齢化」は、大きなトラブルの元となりかねない。例えば夜勤業務がローテーションに含まれる職場だ。40代や50代になって、1ヵ月の間に何度も日中の勤務と夜間勤務を繰り返すことになれば、体内時計の狂いも簡単には解消されず、疲労が蓄積されがちになる。

たとえ外見は若々しくても、身体的な老化はなかなか防ぎようがない。脳梗塞や心筋梗塞のリスクも高まる。長距離を走る高齢ドライバーなど、疲れが抜けきれないまま運転を続けたのでは、大事故にもつながりかねない。

近年は「健康経営」という言葉も登場するなど、社員の体調管理に力を入れる企業が増えてきている。とはいえ、中高年に激務を強い続ければ、ある日、職場や通勤途上で突如倒れるといった悲劇も招きかねない。

また、職場から若い人が減ると、健康リスク以外にも、さまざまな影響が想定される。例えば、若手が少なくなったのではベテラン社員が仕事のコツやノウハウ、代々の得意先を引き継ぐこともできない。

さらに懸念されるのが、社員のモチベーションの低下だ。

若手から定年間際のベテラン勢までがバランスよく配属され、終身雇用が当たり前とされていた時代には、先輩社員の背中を見ていれば、「自分も30歳手前で主任、30代後半で課長になり、うまくすれば40代で部長になれる」などといったおおよそのライフプランを描くことができた。

だが、新入社員や若手社員がいつまでも入ってこない職場となれば、40代に突入しても「この部署の中ではいまだに最も若手」ということも珍しくなくなるだろう。要するに、

労働力人口の年齢別割合の比較

※労働力人口全体を100とした場合。
10代を省略したため、%の合計は100にならない

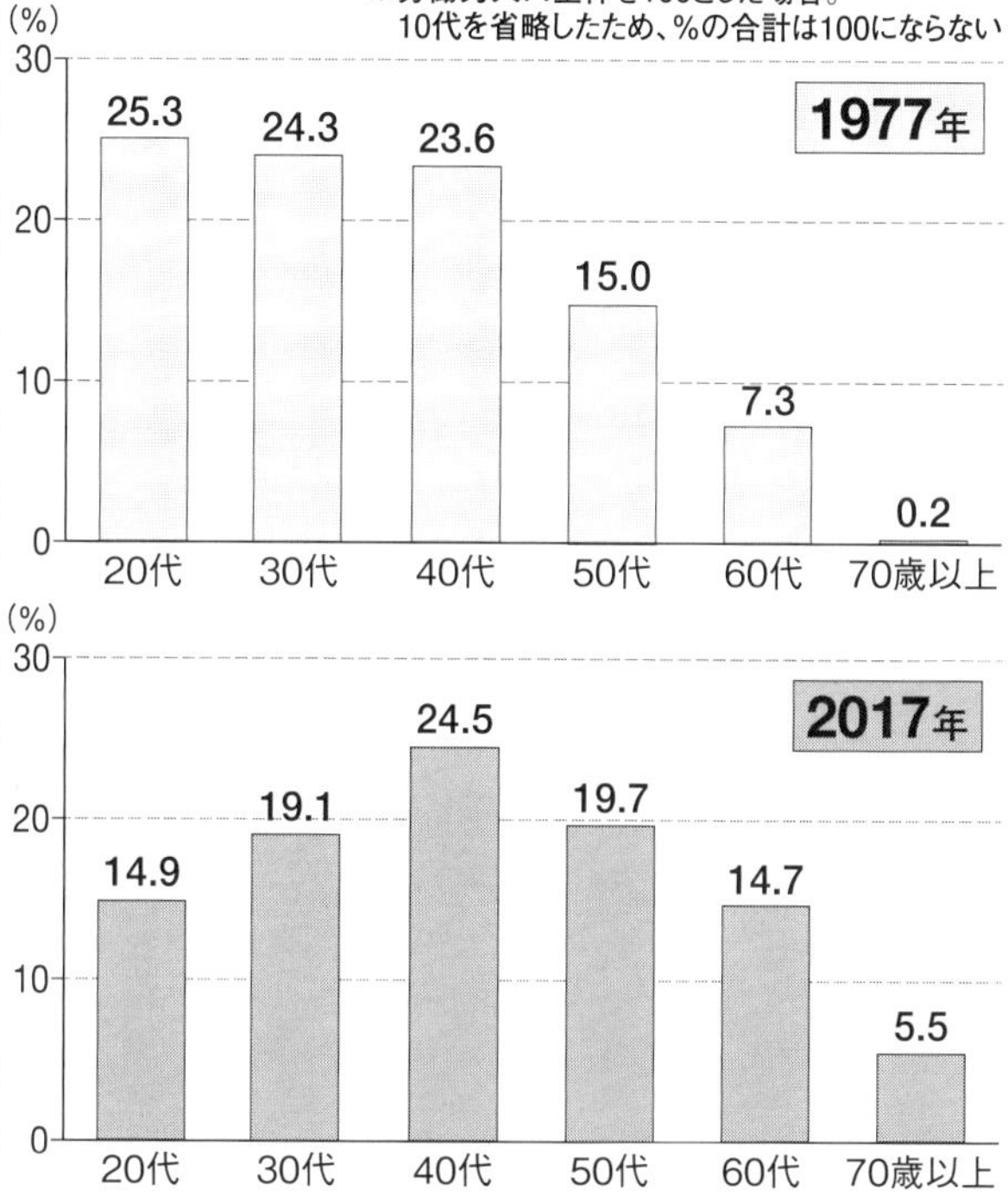

40年前と比べて、労働力人口は ひどく高齢化している!

「労働力調査」(総務省、2018年)をもとに作成

これからますます高齢化すると、オフィスではこんなことが!

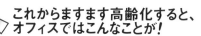

ベテラン社員が
仕事中に急に
倒れる危険性も
ポスト不足で
やる気のない万年
ヒラ社員が急増!
40代でも
若手がする仕事を
せざるを得ない
賃金はどうする？ 仕事内容はどうする？
企業には
社員のモチベーションを高める努力
がさらに求められる！

これまでなら若手社員が受け持っていた仕事（例えば、電話取りや花見の場所取り、忘年会の場所の手配など）を中堅になっても続けるということだ。

こうした環境に置かれれば、大なり小なり「先輩社員たちは40歳のときには多くの部下を抱えて仕事をしていたのに、同い年となった自分は部下がいないどころか、20代でしていた仕事をいまだにやらされているなんて！」といった気持ちが芽生えるものだ。モチベーションが下がる方向へと作用しよう。

中堅社員としての仕事を50代、60代が引き受けてくれればよいのだが、現実的にはそううまくはいかない。人は年相応の仕事をしていかなければ、モチベーションを維持できないものである。「職場の中では最年少」という中年社員に多くの仕事が集中することになれば、労働生産性の低下もさることながら、過労による健康被害も懸念される。

ポストは不足し、総人件費は膨らむ

社員の年齢構成の偏りは、企業にさらなる問題を突き付ける。年齢と仕事内容のアンバランスが生じる職場でも、仕事内容や肩書きはともあれ、それなりに昇給させていかなければならない。個々の社員の家族構成は変化していくからだ。

年齢に比べて社員全体の昇給が遅れることになれば、組織に閉塞感が広がり、生産性の低下を招くことになる。高校や大学に進学するような子供を持つ年齢となった人をいつまでもヒラ社員扱いし給与を抑えこんだのでは、家族の人生にまで狂いが生じかねない。

とはいえ、一般的に賃金のピークは50代前半とされる。これまで通りの昇進・昇給ペースを続けていったならば、全社員に占めるベテラン社員の割合が増えるぶん、必然的に総人件費が膨らむ。これまでなら、子会社への転籍や、管理職に就ける年齢に上限を設ける「役職定年制」によって人件費の抑制を図ってきたが、年齢構成が極めていびつになった職場では、こうした手法も簡単にはとれないところが出てくるだろう。

少し具体的に考えてみよう。まもなく人口ボリュームの大きい団塊ジュニア世代（2018年時点で44～47歳）が50代に突入する。彼らの先頭が50代に突入する2021年頃から、彼らの多くが50代となる2024年頃にかけて、企業の人件費はピークになると見られており、すでに人件費負担が重くのしかかり始めている。

団塊ジュニア世代とともに、1990年前後に入社した「バブル世代」も年齢構成を押し上げている。団塊ジュニア世代より少し早い1969年生まれあたりの世代だ。バブル経済期にあって多くの企業は大量採用したが、バブル崩壊後は新卒採用が急激に抑制されたため、各社の社員年齢構成ピラミッドで大きなボリュームを築いている。

賃金が高い管理職に就任する年齢に差しかかってきたバブル世代や団塊ジュニア世代は、人数が多いぶんポストが不足する。企業の中には、彼らのモチベーションを引き出すため、管理職に就けた人と就けなかった人の処遇に極端な開きが出ないよう手当などで調整したり、管理職ポストを増設するところもある。こうしたところでは人件費負担はより膨らむ方向へと作用している。

年配社員が増えれば、定年退職者も増えて退職金の支払いも集中する。職場の「高年齢化」は多くのゆがみを複雑に交錯させながら進んでいく。その実態をよく知らなければ、企業はさまざまなシーンでトラブルに巻き込まれ、結果として生産性を大きく損なうのだ。

3-3 あなたの仕事で起きること

親が亡くなると、地方銀行がなくなる

東京には人口だけが集中するのではない。遺産マネーが、地銀に残らない理由とは？

キーワード
- 遺産マネー
- 資産流出
- 地域間格差

捨てられる銀行

マーケットの規模が縮小する人口減少は、地域に密着して営業してきた地元の名門企業の状況を特に不利にする。

地域に密着してきたが故に事業を縮小しづらく、商売替えも難しい。社名に都道府県名を掲げる企業ともなれば、東京などの大都市部に営業エリアを拡大するのも限界がある。これまでは強みだった「暖簾《のれん》」「看板」という地域ブランドが、むしろ足枷となるのだ。

都道府県の名前を掲げている企業の代表格といえば、金融機関である。県庁や市役所と並ぶ安定的な勤務先として、地元志向の学生にとっては人気の就職先であった。ところが、人口減少に伴う激変は、安定的であったはずの金融機関にも容赦なく牙をむく。

地域金融といえば、地方銀行、第二地方銀行、信用金庫、信用組合などが昔からの人のつながりを重視した営業スタイルで、メガバンクなどの支店とも住み分けをしてきた。しかし、特定地域での顧客向け貸し出しが事業の中心であるため、地域内人口の減少に伴う地域経済の衰退の影響は大きく、顧客の奪い合いをより激化させることになる。

少子高齢化による経営者の高齢化が、新規事業の展開や起業マインドが冷え込む方向に作用すると先に指摘したが、企業活動の停滞は資金の貸付先の先細りを招き、やがて金融機関自体の経営にも深刻な影響を及ぼす。

金融庁の「地域金融の課題と競争のあり方」という資料が、東京都を除く46道府県の地方銀行の2016年3月期決算をもとに、各行が本店を構える道府県で本業で稼いだ金利や手数料によって、人件費などの営業費用を賄えるかどうかを分析しているが、「1行単独になっても不採算」というところが、群馬や石川、奈良、宮崎など23県に上った。

融資先が減るとは、雇用の受け皿が減るということだ。地域に働き口がなくなれば、若い世代は仕事を求めて都会などに流出する。これが「東京一極集中」の大きな要因であるが、東京一極集中を人の移動だけで捉えるのは誤りだ。

人が動けば、それに伴って預金も動くことになる。少子高齢化は「預金の東京一極集中」も引き起こしているのである。

地方に住んでいる人にとって、その地域で圧倒的な支店数を誇る地元の金融機関は便利な存在だ。ところが、東京などの大都市部に引っ越すとそうはいかない。地方の金融機関は「東京支店」などは置いているものの、地元以外に店舗を広く展開しているわけではない。大都市部に転入した人は、必然的に都市銀行やゆうちょ銀行など、引っ越し先近くにある金融機関に口座を移すことになる。

なぜ遺産マネーが流出するのか

だが、それらよりもむしろ深刻化しそうなのは、「遺産マネー」の移動である。地方に住む親が亡くなった際、遺産を相続した子供などが、預金の引き下ろしなどの利便性を考えて、東京の金融機関に預金を移しているのだ。

日本は本格的な大死亡時代を迎えつつある。遺産マネーの東京集中が本格化すれば、地方金融機関の預金残高が減り、融資量も減っていく。それは、金融機関の経営をピンチに追い込むだけではなく、結果として地域経済自体の衰退を速めることにもなりかねない。

そんな状況を予期させるデータを、日本銀行が公表している。調査統計局の「都道府県別預金・現金・貸出金」の一覧表によれば、ゆうちょ銀行を除く全国の銀行預金額（2017年3月末時点）は745兆2958億円で、前年同月比で6・2％増となった。

これを都道府県別の伸び率で比較すると、東京都が12・7%増の254兆4496億円と突出している。全体に占める割合も34・1%となり、1・9%増である。東京都以外で全国平均を上回ったのは、9・2%増の熊本県のみで、残る45道府県は下回る結果となった。マイナスを記録したのは愛媛県(0・8%減)だけだったが、和歌山県が0・2%増、岩手県と長崎県が0・8%増などと伸び悩んだ(熊本県の場合は、前年の地震による被害に対して支払われた保険金が、預金に回った特殊要因と見られる)。

2013年3月末からの5年間の推移で比較すると、東京都への一極集中ぶりがさらに鮮明に浮かび上がってくる。日銀の大規模な金融緩和策などもあって、各県とも増加傾向にあるが、例えば岩手県の預金額は1・04倍であった。

これに対し、東京都は1・36倍だ。実額で比べてみると、この5年間で東京都の預金額は67兆5614億円増えている。全国が115兆3452億円増だから、増加額の実に58・57%を東京都の増額分が占めていることになる。

なぜ、遺産マネーは東京に流出するのだろうか?

政府税制調査会の資料によれば、2013年に亡くなった人(被相続人)の68%が80歳以上であった。亡くなった親の相続遺産を受け取るのは50~60代あたりだろう。この世代が若者であった1970年代後半から1980年代前半にかけては大都市圏、とりわけ東京

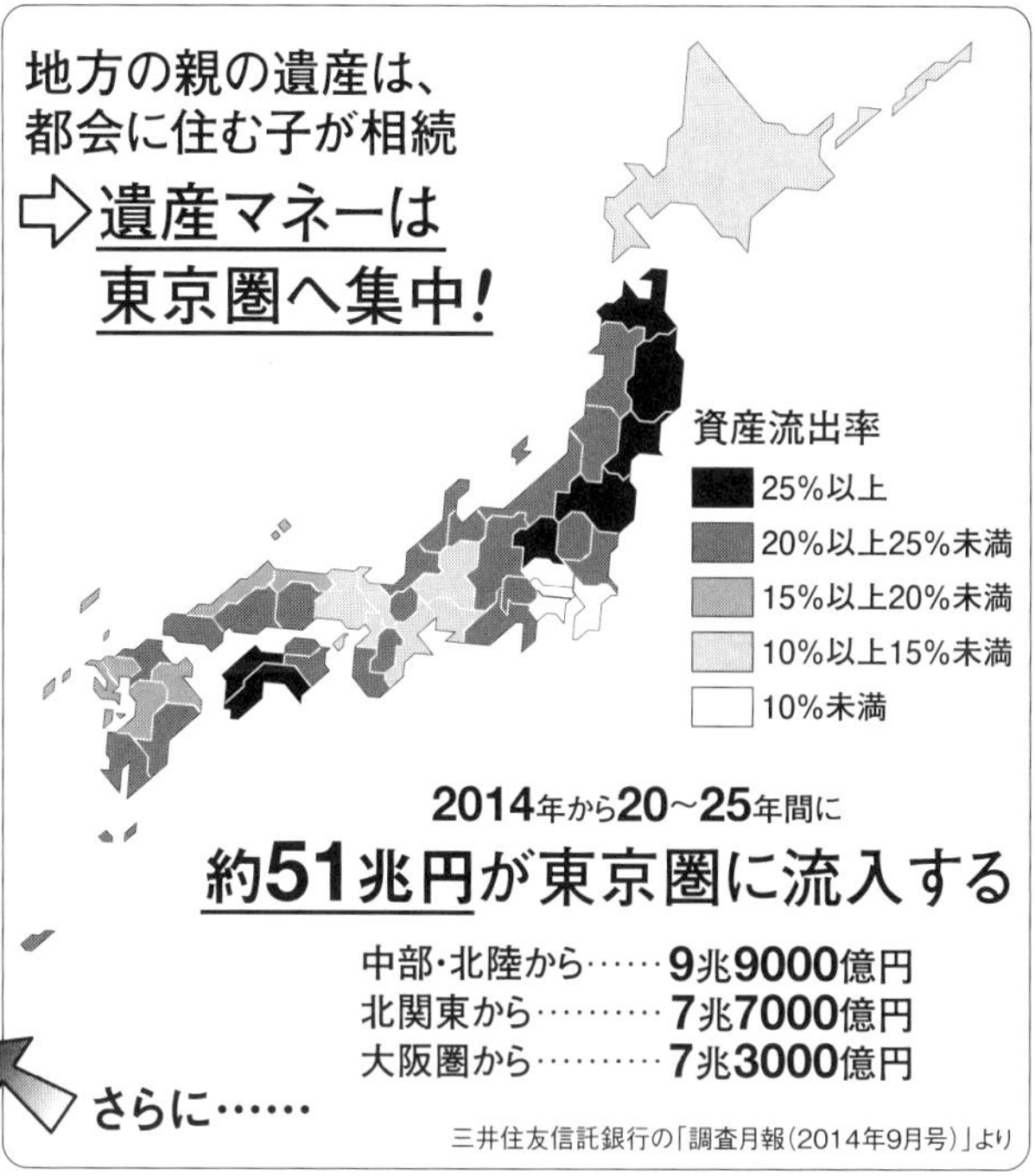
地方の親の遺産は、
都会に住む子が相続
遺産マネーは
東京圏へ集中！
資産流出率
25%以上
20%以上25%未満
15%以上20%未満
10%以上15%未満
10%未満
2014年から20〜25年間に
約51兆円が東京圏に流入する
中部・北陸から……9兆9000億円
北関東から…………7兆7000億円
大阪圏から…………7兆3000億円
さらに……
三井住友信託銀行の「調査月報（2014年9月号）」より

圏への人口流入が活発な時期であった。地方から東京圏（1都3県）に移り住んだこれらの世代の多くは、今でも老いた親と別居している人が少なくない。その分、遺産マネーが東京圏に集まりやすくなっているのだ。

中部・北陸からは10兆円も流れる

こうした流れを裏付けるような分析を、三井住友信託銀行の「調査月報（2014年9月号）」のレポー

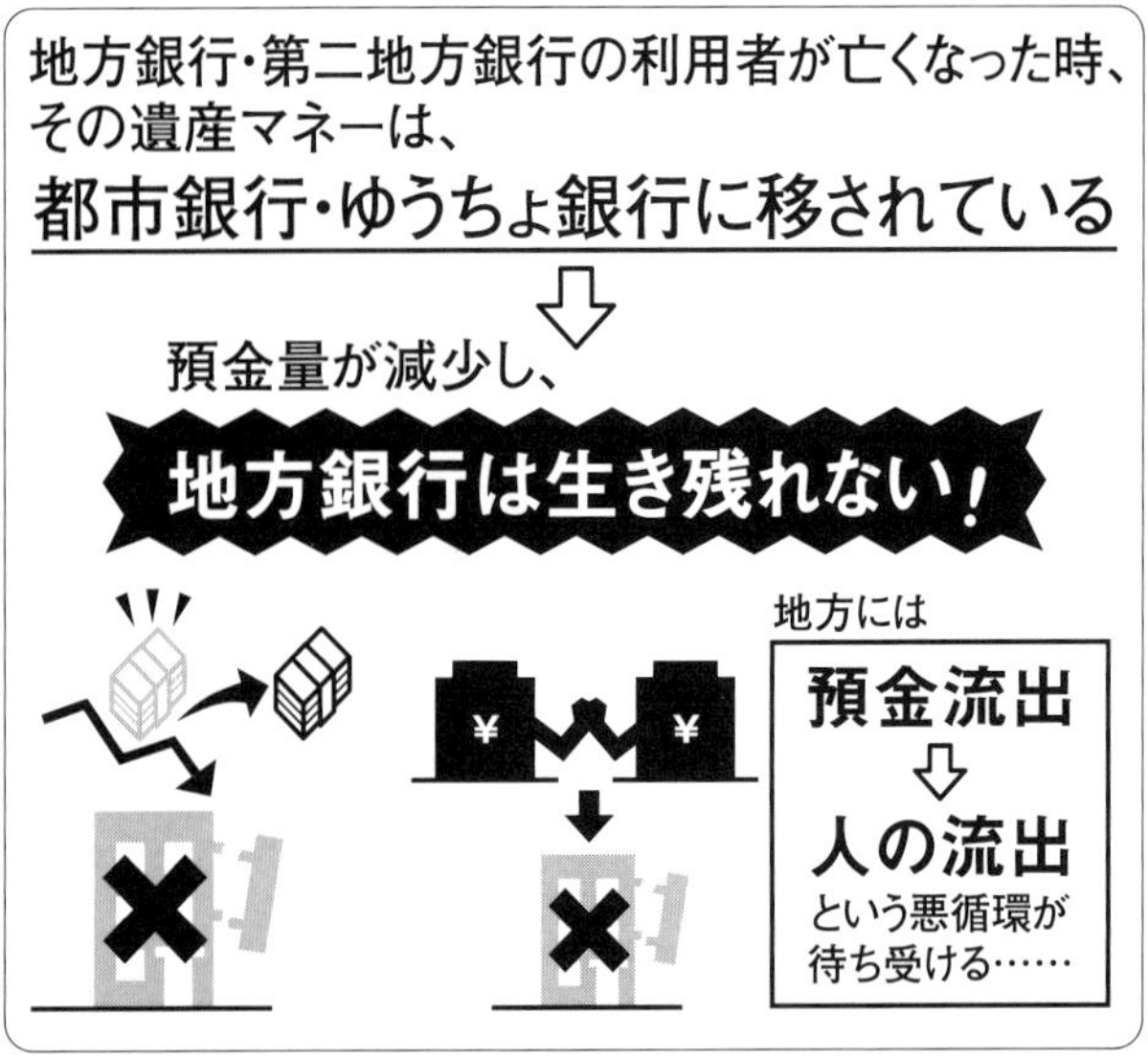
地方銀行・第二地方銀行の利用者が亡くなった時、
その遺産マネーは、
都市銀行・ゆうちょ銀行に移されている
預金量が減少し、
地方銀行は生き残れない！
¥
¥
地方には
預金流出
人の流出
という悪循環が
待ち受ける……

ト「相続で多発する家計資産の地域間移動〜加速する大都市圏への資産集中〜」が行っている。

相続年齢に相当する40代後半から60代後半の約２０００万人が、高度経済成長期以降の就職で大都市圏に集まっていることに着目し、この年代の人々が地方に住む親の資産を相続後に大都市圏に移す可能性のある母集団として、地域間格差の広がりをみている。

２０１０年の被相続人のうち「80歳以上」が65・6%を占めていたことを踏まえ、当面の該当者は50代後半以上と規定。調査時点からの20〜25年間で相続される資産を６５０兆円と見込んで、相続に伴い地域外へと流出する家計資産の比率を分析している。

その結果、預金を中心にした金融資産が「20％以上」減るのは30県で、このうち青森、岩手、宮城、福島、群馬、愛媛、高知の7県は「25％以上」となる可能性があるという。反対に、資産流出率10％未満は東京圏のみとしている。

その理由として、これら7県については、子供世帯が親世帯と別居して東京圏などに居住していることが多いことを挙げている。反対に、東京圏への流出が少ない地域は、別居の場合でもともに東京圏に居住しているケースが少なくないと説明している。

こうした傾向を金額ベースで見ると、さらに明確になる。まずは全体像を確認しよう。全国の家計資産保有総額約766兆円のうち、各地方から東京圏に51兆4000億円が流入している。東京圏への流出額の多い地域は、中部・北陸の9兆9000億円を筆頭に、北関東7兆7000億円、大阪圏7兆3000億円、東北7兆1000億円が続く。

東京圏からも遺産マネーの流出はあるが、234兆6000億円がそのまま東京圏にとどまる。9兆9000億円という大きな流入元である中部・北陸には、3兆7000億円が流出。次いで大きいのが九州・沖縄の2兆7000億円だ。さらに外国にも2兆5000億円の遺産が出て行くとしている。

これを、相続を通じた金融資産の地域別の流入・流出状況で捉え直すと、流入超過となるのは東京圏（30兆6000億円）と大阪圏（4兆1000億円）のみだ。意外なことに中京圏は2兆6000億円の流出超過となる。東京圏や大阪圏に比べれば同居率は高いものの、子供世帯が地元に残っていないケースも多いことが要因のようだ。

こうした流出入の結果、金融資産残高で見ても、増えるのは東京圏と大阪圏のみだ。東京圏は255兆円から286兆円へと上昇、大阪圏は102兆円から106兆円に微増する。東京圏は全国の37・3％を集め、大阪圏の14・8％を合わせれば、日本の家計金融資産の52・1％がこの2地域に集中していることが分かる。

同じ地域でも遺産マネーは他の金融機関に流出

遺産マネーの流出でもう一つ見過ごしてはならない点がある。

ここまでは都道府県単位の相続資産流出の状況を確認してきたが、遺産マネーは同じ県内においても金融機関同士のバランスを大きく変えようとしているのだ。

フィデリティ退職・投資教育研究所が相続人5000人を対象にしたアンケート「相続に伴う資産、世代、地域、金融機関の資金移動」（2017年）において分析している。亡くなった人が都市銀行を利用していた場合、相続人の75・5％は遺産マネーをそのまま都市銀行に、ゆうちょ銀行の場合も63・6％がそのままゆうちょ銀行に預けていた。

一方で、亡くなった人が地方銀行や第二地方銀行を利用していた場合、そのまま預け続けていた人は42・4％にとどまっている。地方銀行や第二地方銀行の遺産マネーの多くは都市銀行（12・4％）や、ゆうちょ銀行（12・2％）に移されているということだろう。信用金庫、信用組合も同様の傾向を示している。

これらのデータからは、地域外に流出するだけでなく、同地域内においても他の金融機関に遺産マネーが移動していることが分かる。相続人が亡くなった人と同じ金融機関に口座を保有していない場合、利便性を考えて預金を移しているのだろう。大死亡時代とは、地域金融機関の「住み分けバランス」が大きく崩れる時代でもあるということだ。

金融機関同士の競争力が弱まると、働き口が減るだけでなく、住宅ローンを借りようと思っても、金利面などで不利な条件を選ばざるを得なくなるかもしれない。

少子高齢化や人口減少に伴う東京一極集中とは、地方から人を流出させ、それがゆえに預金の流出となり、それがまた更なる人の流出を招く。子供が生まれにくい社会は、連鎖的に地方を消滅に向かわせる。

3-4 あなたの仕事で起きること

東京の路線が縮み、会議に遅刻する

たった5年で、路線バスは約7500㎞が完全廃止。鉄道の廃線も毎年止まらない

キーワード
- 赤字路線
- 公共交通空白地域
- パイロット不足

少子高齢化や人口減少によって、あなたの身の回りに起こる影響の筆頭格といえば、鉄道やバスといった公共交通機関の縮小だろう。

新たな新幹線建設を求める声は相変わらず各地で熱を帯びているが、一方で地方を営業基盤とするJR北海道、四国、九州の3社の鉄道事業は厳しさを増している。運行本数の減少が止まらず、3社は相次いで鉄道事業の縮小や見直しを提起した。地元自治体に動揺が走り、対応に追われている。

政令指定都市でも路線の廃止届

そうした中、岡山市の両備ホールディングス傘下にある「両備バス」、「岡電バス」が岡山県内で運行している路線バスのうち、31路線の廃止を中国運輸局に届け出たことが大きな波紋を広げた（2018年2月）。全バス路線の実に40％という数の多さもさることながら、岡山市という人口約70万を擁する政令指定都市を走る路線が含まれていたためだ。

背景には、黒字路線で赤字路線の維持を何とかしているという苦しい台所事情があるにもかかわらず、他社の路線参入計画が持ち上がったことがある。現在の黒字路線も、人口が減っていけば今後の利用客の増大を見込むことは難しい。競合による減収は明らかで、赤字路線を存続させられなくなるという悲鳴の表れであった。

結局、廃止届は取り下げられ、問題は先送りされることになったが、人口減少時代の公共交通機関の在り方に問題を投げかけたことには間違いない。

少子高齢化や人口減少は、鉄道やバスといった公共交通機関を危うくする。内閣府の「公共交通に関する世論調査」（2017年）によれば、鉄道やバス利用者のうち不満を感じている人は68・3％に上り、不満内容では、「運行本数が少ない」（32・3％）、「遅延する」（17・7％）などが上位にきた（複数回答）。

公共交通機関は、利用者が減ると運賃を値上げし、それがさらなる利用者の減少を招くというマイナスのループにはまることをこれまで繰り返してきたが、総人口が激減する時代を迎え、地方を中心にさらに厳しい状況が予想される。

利用者数の減少や路線の廃止、運行本数の減少といったサービス水準の低下は、すでに進み始めている。国交省の「交通政策白書」（２０１７年版）によれば、２０１５年の地域鉄道の輸送人員は１９８７年に比べ、約14％減った。一般路線バスも、三大都市圏を除くと、２００４年と２０１５年では15％ほどの減となっている。

日本の可住地面積の3割が公共交通空白地域

地域の足となる公共交通機関の位置づけは、自動車保有台数の増加に伴って相対的に低下してきた。国交省の資料によれば、輸送人員は乗合バスの場合、１９９０年の65億人から２０１５年には42億人へと、実に35％も減った。地域鉄道も5億１０００万人から4億１０００万人へと20％減だ。

経営面でも苦戦が広がっており、２０１５年度の経常収支（保有車両30両以上の事業者）は、一般路線バス事業者は65％、地域鉄道事業者では74％が赤字となっており、廃止される路線も延びている。

路線バスについては、２０１０年度から２０１５年度までに約７５０９㎞が完全廃止となった。鉄道についても２０００年度以降、全国39路線、約７７１㎞が廃止された。「２０１１年度国交省調査」によれば、公共交通空白地域（バス５００ｍ圏外、鉄道１㎞圏外）は3万６４７７㎢に及ぶ。これは可住地面積の約30％だ。空白地人口は７３５万１０００

人で総人口の５・８％に相当する。

これまで公共交通機関の縮小傾向は、特に地方において自家用車が手放せない状況を作り出し、結果として駐車スペースが豊富な郊外型開発を進めてきた。

これから高齢者が増え、自家用車を運転できない人が増えてくる。公共交通機関が無くなったり、大幅縮小したりしたのでは、通勤や通学がままならないだけでなく、〝買い物弱者〟、〝通院弱者〟も大量に生まれる。

近年は高齢化や若者のクルマ離れに伴って自動車保有台数は停滞期を迎え、地域公共交通機関の利用者数は下げ止まり傾向にある。だが、廃止になった路線が返ってきたわけではない。人口減少とともに、今後も路線廃止や運行本数の減少の流れは続くだろう。

都内でも路線は減らされる

これまで鉄道やバスの路線廃止といえば、過疎地域や人口規模の小さい地方の問題として捉えられることが多かった。東京圏や大阪圏といった人口集積地では、むしろ路線の延伸が図られてきたが、人口減少のうねりはこうした大都市部も呑み込んでいく。

「２０１５年度全国都市交通特性調査」（国交省）によれば、三大都市圏では鉄道やバスの利用は増えている。代表的な交通手段利用率をみると、平日の場合、１９８７年は25・6

%だったが、2015年は30・8%だ。2015年の自動車利用は31・4%だから拮抗している。こうした数字だけを見ると、今後も路線廃止と無関係に思える。

だが、利用者数の伸び以上に総人口が減れば、大都市部であっても廃線や運行本数の減少の流れは避けられないだろう。この節の冒頭に挙げた両備バス・岡電バスでも明らかなように、政令指定都市でも路線廃止は現実的な課題となり始めたが、実は東京にも運行本数減の波がすでに押し寄せている。

JR東日本の公式発表によれば、東京都の西部・多摩地区を走る青梅線（立川駅―奥多摩駅間）の運転本数を減らしたのは2015年4月だ。青梅線は翌年3月のダイヤ改正でも青梅駅―奥多摩駅間の日中の運行ダイヤが30分間隔から45分間隔に広げられ、運行本数がさらに減らされた。また、拝島駅（昭島市）と武蔵五日市駅（あきる野市）を結ぶJR五日市線も本数が減らされた。横浜線も相模線からの直通列車の一部が廃止となった。

もちろん、東京圏の鉄道がすべて深刻な利用者減に見舞われているわけではない。「東京圏における今後の都市鉄道のあり方について」（国交省）は、2030年の東京圏の鉄道輸送需要は、1日あたり7570万人で、2010年の8017万人と比べて6%程度の微減（通勤118万人減、通学180万人減、私事102万人減）にとどまるとしている。

ただ、東京圏の場合、エリアが広いために鉄道路線ごとに人口構造の差がつきやすく、

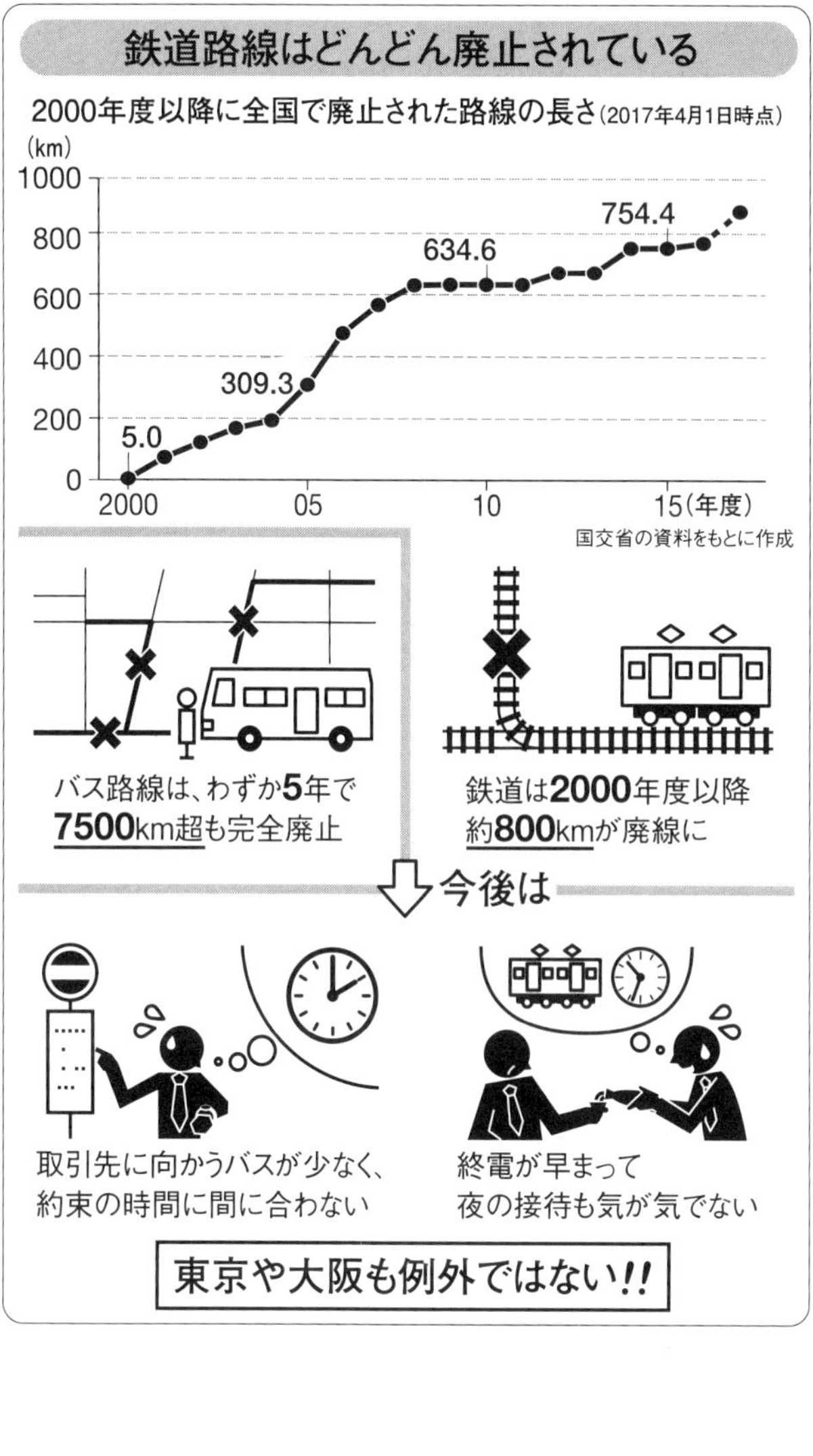
鉄道路線はどんどん廃止されている
2000年度以降に全国で廃止された路線の長さ(2017年4月1日時点)
(km)
1000
800
600
400
200
0
5.0
309.3
634.6
754.4
2000
05
10
15(年度)
国交省の資料をもとに作成
バス路線は、わずか5年で
7500km超も完全廃止
鉄道は2000年度以降
約800kmが廃線に
今後は
取引先に向かうバスが少なく、
約束の時間に間に合わない
終電が早まって
夜の接待も気が気でない
東京や大阪も例外ではない!!

状況も異なる。「小田急小田原線沿線まちづくり勉強会資料」（国交省）によれば、今後も人口が増えて高齢化の影響が小さいと見込まれる東急田園都市線などでは利用者も増加するとみられる一方で、人口が減って高齢化も進むと見込まれる東武伊勢崎線や、路線が郊外に続く小田急小田原線などは利用者の減少が予想されるのだ。

「今後の東京圏を支える鉄道のあり方に関する調査研究」（一般財団法人 運輸政策研究機構、２０１４年）が沿線ごとにさらに詳しく分析を試みている。ＪＲ中央線や小田急小田原線は大学進学期の世代が転入し、卒業後に転出する人が多いため沿線の人口流動が活発だが、東武伊勢崎線は他路線に比べて沿線の人口流動が少ないというのだ。

すなわち、東武伊勢崎線は住民の少子高齢化に伴って利用者も減っていく一方で、学生や新卒者、ファミリー層の転入超過が続く。これに対し、若い世代が常に一定数居住する東急東横線などは、定年退職者による通勤客の減少の影響を受けにくい。

ますます不便になる悪循環

路線にかかわらず、都心からの距離によっても人口構造に違いが現れる。

例えば、都心から５〜10㎞程度に位置する駅は多世代で人口が増加している。若年層の転入者が少ない路線でも、ＪＲ山手線に近いエリアでは、他路線と同様に若年層の転入超過となっている。

しかし、都心ターミナルから10㎞ほど離れると、駅ごとに差が出始める。JR中央線の場合、新宿駅から約30㎞の立川駅を越えても、また東急東横線や西武池袋線では渋谷駅、池袋駅から20㎞ほど離れても若年層が転入超過となっている一方で、東武伊勢崎線は浅草駅から10㎞を超えたあたりから若年層の転入超過が少なくなるのだ。

運輸政策研究機構の分析に従って考えるならば、東京圏の郊外になればなるほど、路線の廃止やダイヤ削減リスクが大きくなる。

そうでなくとも今後、東京圏の郊外では高齢化が進む。「首都圏白書」(2012年)によれば、2035年には東京23区を取り巻くように、高齢化率40%程度の自治体がずらりと並ぶ。郊外の自治体が、高度経済成長期に流入した人の受け皿になってきたことを証明してもいるのだが、これらの自治体で急速に高齢化が進む要因は、彼らの子供たちにあたる団塊ジュニア世代以降の若者が流出したことだ。

団塊ジュニア以後の世代は、親の世代とは違って未婚や晩婚が進んだ。子供がいなければ、都心から遠く離れたエリアに広い住宅を取得する必要はなく、しかも夫婦共働きが当たり前だ。彼らは通勤時間を短くするために便利な都心のマンションなどを求めた。

東京圏の郊外のような地域では、定年退職者が増えるとともに都心のオフィス街に向かう鉄道利用者は減り、鉄道、バス事業者としては利益を上げにくい路線が増えていく。鉄道駅と住宅街を結ぶバス路線の、早朝や深夜帯の本数が少なくなれば、通勤や帰宅に不便を感じるようになる。一本乗り遅れると、早朝の会議や大事な試験に遅刻する。

人口が減れば、東京や大阪のような大都市であっても始発時間が遅くなったり、始発駅が変更になったりという事態がいつ起こってもおかしくはない。

通勤の足が不便になったからと言って、働き手世代がもっとビジネス街に近いところに引っ越せば、利用者はさらに減り、地域全体の高齢化がますます進む。すると、日中の運行本数も減り、通院や買い物に出掛ける高齢者の足までが奪われるという悪循環に陥る。

大都市部では、鉄道やバスへの依存度が大きいぶん、人口減少の影響を受けやすい。鉄道・バス路線の廃止、縮小は地方が先行する形で進むが、利用者への影響という意味においては、都会の新たな課題としてクローズアップされることになりそうだ。これまで当たり前と思っていた「都会の足」が、まさに足元から崩れ始めようとしている。

パイロットが不足する「2030年問題」

さらに深刻な問題が広がりつつある。利用者が減っているわけではないのに、運行路線が減る事態が現実になり始めているのだ。運転手の絶対的不足である。

西日本鉄道（西鉄）は２０１８年3月17日のダイヤ改正で、福岡市の中心部を走る「１００円循環バス」のルートを絞り込んだ。午前0時以降に福岡市街地を出発する深夜バス計11路線の時刻も最大49分繰り上げたが、運転手不足の解消に見込みが立たないことがその理由だ。

運行本数を減らすことで、休日出勤や長時間労働を是正しようというのである。需要のある路線で供給を絞るというのは異例の決断だが、運転手確保や離職防止のためには、背に腹は代えられないのであろう。

運転手の採用難は全国に広がっており、西鉄に限らず、人のやり繰りがつかないことによる減便や運行取りやめの動きは広がっている。勤務環境の厳しい割には所得が低いことが大きな要因だが、理由はそれだけではない。訪日外国人観光客やイベントの増加で、バス需要そのものが大きくなっているのである。

一方で、勤労世代の絶対数が減っていくことから、運転手の確保はますます困難さを増していく。交通政策白書（２０１７年版）も、「バス事業の運転者は、中高年層の男性に依存しており、将来的には地域の足を支える生活路線を現行の水準で維持していくことも困難となる事態が危惧されるに至っている」と警鐘を鳴らす。

黒字路線の儲けを赤字路線につぎ込むという従来のビジネスモデルも、運転手不足の前では通用しなくなる。運転手不足による路線バスの廃止の流れは、東京や大阪といった大都市圏にだっていつ到来するか分からない。

バスと同じく、人手不足が直撃しそうなのが航空機である。格安航空会社（LCC）の登場による路線や便数の充実競争の影響もあって、パイロット不足に拍車がかかっているのだ。一方でパイロットの育成には時間がかかる。

「2030年問題」という言葉を聞いたことはあるだろうか。国交省の資料によれば、国内には約6400人（2017年1月1日現在）のパイロットがいる。だが、その多くはバブル経済期に採用されたベテラン機長で、40代後半に偏っている。彼らが、2030年頃から大量に定年退職し始めるということである。

国交省は訪日客の増加を織り込めば、2030年の新規採用数を現在の1・4倍の430人まで増やさないと追いつかないというが、勤労世代が減りゆく中では決して簡単ではない。パイロット不足は世界共通の課題であり、外国人パイロットも当てにしづらい。

少子高齢社会においては、いつ、毎日あなたが利用していたバス路線がなくなり、帰省や旅行に便利だった航空路線が廃止になるともしれないのである。

4-1 あなたの暮らしに起きること

若者が減ると、民主主義が崩壊する

年間出生数10人以下の自治体は90も。200を超える自治体が投票所まで高齢者を送迎

キーワード
●村総会
●無子高齢化
●移動投票所

90自治体が年間出生数10人以下

2017年、高知県大川村で、有権者が予算などの議案を直接審議する「村総会」の設置が一時検討されて大きな話題となった。総務省は慌てて、多数の兼職議員が中心の「多数参画型議会」と、少数の専業議員と無作為に選ばれた住民で構成する「集中専門型議会」という新たな議会のスタイルをまとめた。小規模な自治体向けの特例制度を設けようとしている。

だが、どんな制度を設けたところで、厳しい状況に追い込まれてしまいかねない自治体は少なくない。

厚労省の人口動態調査(2016年)によれば、福島県昭和村、奈良県黒滝村、同県北山

村では２０１６年の年間出生数がゼロだ。１人か２人しか生まれなかったところも11自治体に及ぶ。これらを含め10人以下だった自治体を拾い上げてみると、全国に90もある。こうした「無子高齢化」が進む自治体は、いずれ議会どころか存立自体が危ぶまれる。

将来的な懸念もさることながら、人口減少はもっと根本のところで民主主義の基盤を確実に脅かし始めている。実は、選挙の際に設けられる投票所が減ってきているのだ。

総務省選挙部の「目で見る投票率」によれば、衆院選の投票所数は２０００年の５万３４３４ヵ所をピークに減少し、前々回の２０１４年には４万８６１７ヵ所となった。２０１７年では、４万７７４１ヵ所とさらに減っている（選挙の調査結果速報値より）。

２００９年の衆院選と２０１７年の調査結果速報値から、投票所の増減率を都道府県別に見ると、トップが島根県でマイナス26％、秋田県マイナス21％、鳥取県マイナス16％と続く。増減率がマイナス２ケタの都道府県は、宮城県や兵庫県など計12自治体に上る。

移動投票所も登場

公職選挙法には投票所の設置に関する規定がなく、各自治体の選挙管理委員会の判断に委ねられている。こうした状況を踏まえ、当時の自治省（現総務省）が１つの投票所で概ね３０００人という基準を設けたのが１９６９年だ。それ以上の人口となった場合には新た

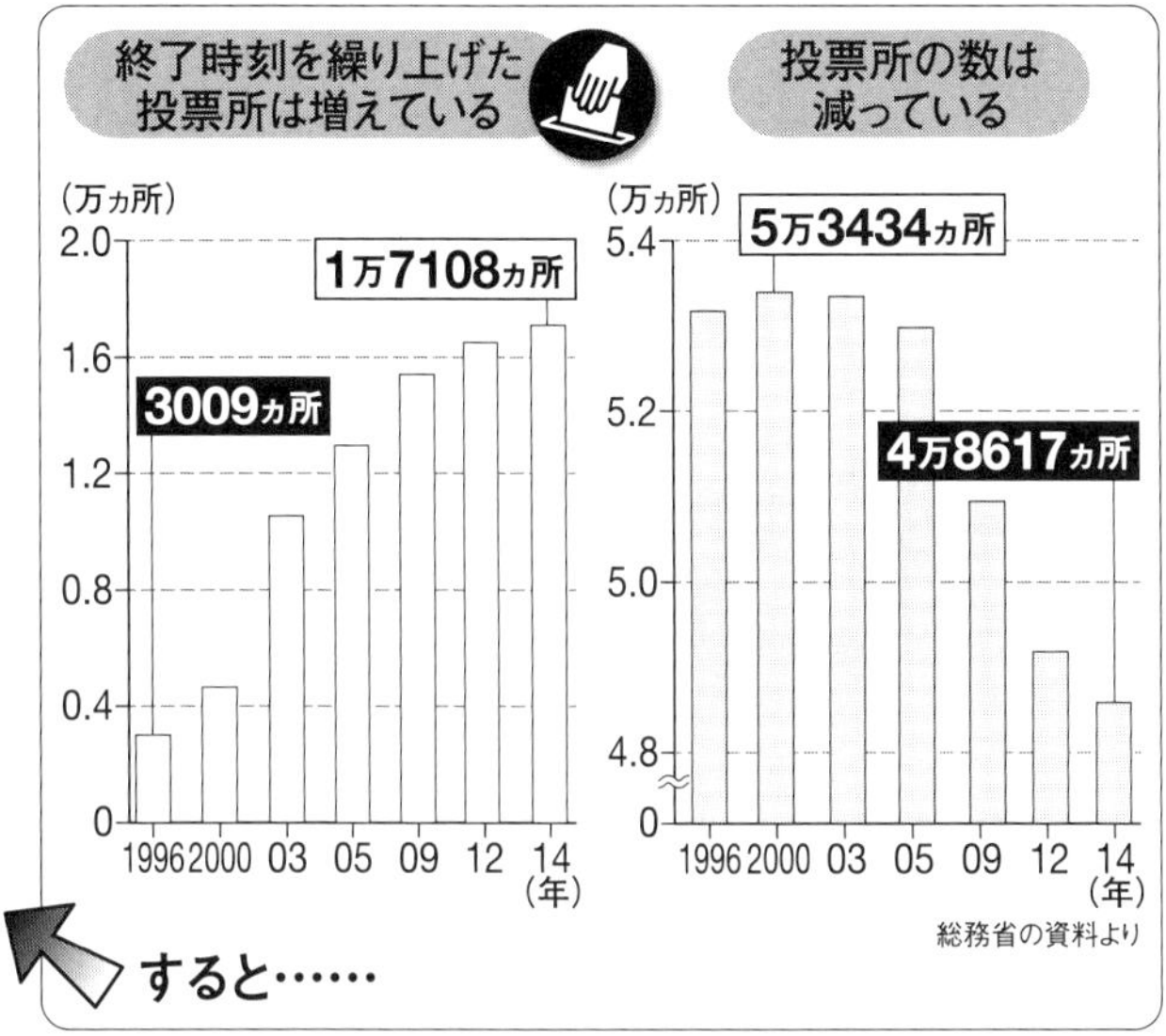

な投票所を求める通知を出した。

ところが人口減少時代に突入し、3000人を下回る地区が増え、この通知を根拠として統廃合するところが増えてきているのだ。

市町村合併が拍車をかけた部分もあるが、人口が減って財政の厳しさが増す各自治体にとっては、投票所を統廃合すれば経費の節減になるという思惑もある。有権者の少ないところから切り捨てが始まっているということだ。

だが、通い慣れた近所の投票所がなくなれば、必然的に足が遠のく人も増える。雪国で真冬の選挙にでもなれば、なおさらだ。とりわけ、マイカーを利用できない環境に置かれて、移動

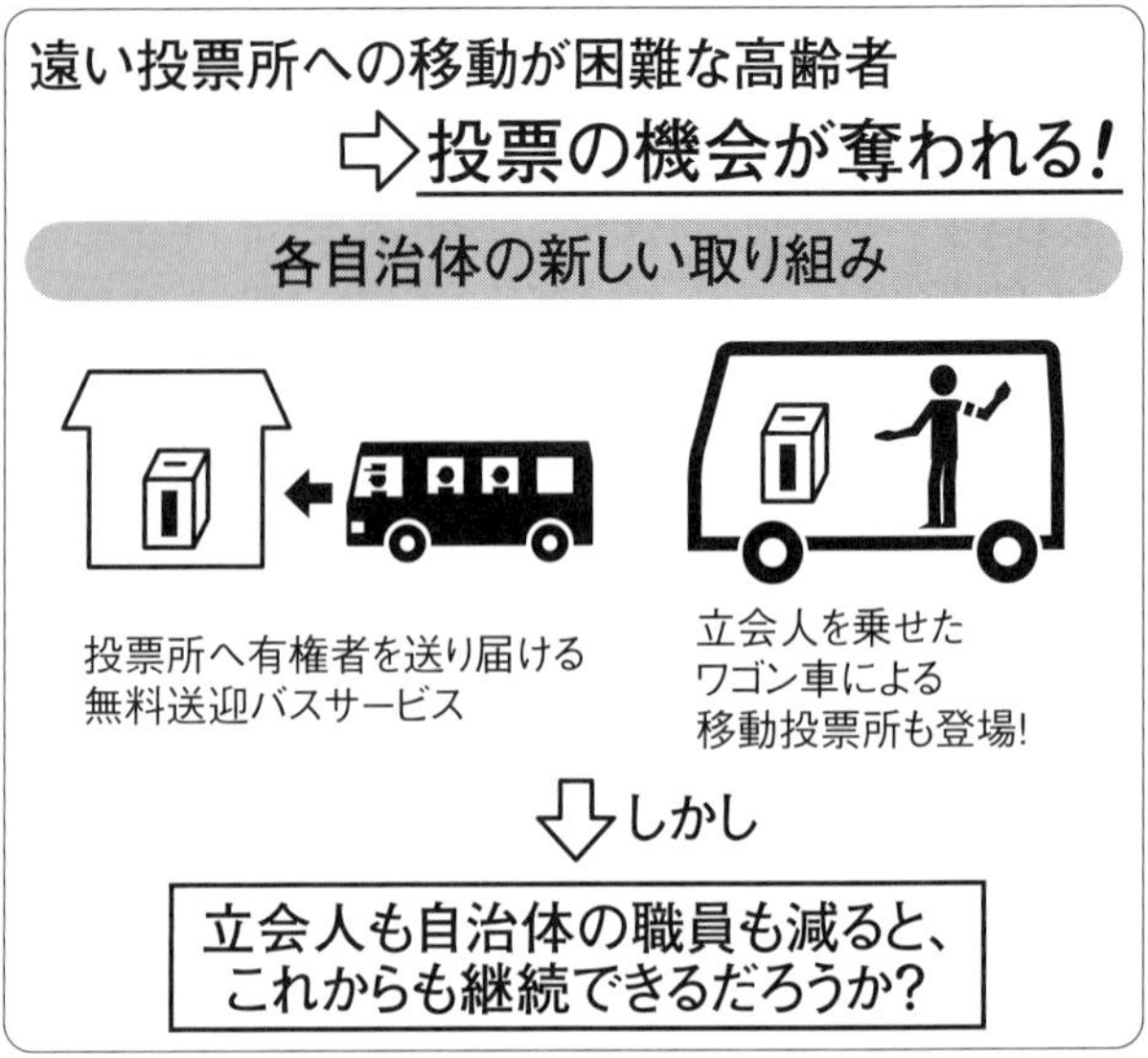
遠い投票所への移動が困難な高齢者
投票の機会が奪われる!
各自治体の新しい取り組み
投票所へ有権者を送り届ける
無料送迎バスサービス
立会人を乗せた
ワゴン車による
移動投票所も登場!
しかし
立会人も自治体の職員も減ると、
これからも継続できるだろうか?

そのものが難しくなった高齢者にとっては、「投票の機会」自体を奪われかねない。これこそ「地域の声が届かない」事態そのものである。

　こうした事態に、無料送迎バスやタクシーを使って高齢者を投票所まで送迎する自治体も出てきた（2016年参院選では、兵庫県神河町や青森県田子《たっこ》町《まち》など215自治体）。また、島根県浜田市や徳島県三好《みよし》市では期日前に限って、ワゴン車に投票立会人を乗せ、高齢有権者が住む地域まで出向く移動投票所まで登場したが、まだまだ少数派である。

投票立会人の確保も難しい

　投票所が減少傾向となる理由は、人

口が減ったことに伴う有権者の減少だけではない。要因として大きいのはむしろ、投票立会人の確保が難しくなってきていることだ。

投票立会人は選挙の不正に目を光らせる重要な役回りである。自治会長などが要請を受けて選任されることが多いが、拘束時間が長く、報酬も決して恵まれてはいない。

公職選挙法では「2人以上5人以下」の選任を求めている。だが、地域との関わりが希薄な都市部では、その候補者を見つけることは難しい。さらに深刻なのが、若者が減った地方だ。数少ない〝なり手〟が何度も選任され、ますます負担感が強まることとなる。

トイレにも自由に行けず、投票立会人からは「投票に来る人がほとんどいなくなった夜の8時まで座り続けるのは、体力的にもきつい」といった声も出ているという。このため、投票時間を20時から繰り上げる投票所も目立ち始めた。2017年衆院選の調査結果速報値によると、約4万7700ヵ所のうち1万6600ヵ所で終了時間が早められた。

今後は少子化の影響で自治体の職員数自体も減っていくことを考えれば、投票所の数だけでなく、投票所の設営や開票作業など選挙事務全体が滞ったり、最悪の場合、成り立たなくなったりする自治体も出てくるかもしれない。

人口減少が投票環境を悪化させ、投票率が下がる悪循環である。少子高齢化とは、民主主義をも破壊しかねない深刻な問題であることを認識しなければならない。

ネット通販が普及し、商品が届かなくなる

品物を届けてくれるトラックドライバーは、２０２０年に約11万人も不足する

キーワード
●救急隊員不足
●買い物弱者
●ドローン

救急車が遅い！

「１１９番通報をしたけど、なかなか救急車が来てくれないのよ！」――そんな悲鳴がいよいよあなたの周りでも、ごく普通に聞かれるかもしれない。

「消防白書」（２０１７年）によれば、１１９番通報を受けてから現場に到着するまでに要した時間（現場到着所要時間）は、２０１６年の場合、「５分以上10分未満」が３７７万８１３１件（60・８％）で最も多い。次いで「10分以上20分未満」の１７６万８９４０件（28・５％）だ。現場到着所要時間の平均は８・５分で２００６年の６・６分に比べ１・９分延びている。

１１９番通報を受けてから病院に収容するまでに要した時間（病院収容所要時間）で見る

と、「30分以上60分未満」が３４７万３３６７件（61・８％）で最も多い。平均で39・３分かかっており、２００６年の32・０分と比べ７・３分余計にかかっている。このわずかな時間が一刻を争う病状の患者にとっては命取りになる可能性もある。

時間がかかるようになった要因はいくつか挙げられるが、その一つに搬送人員の増加がある。２０１６年の救急車による出動件数は全国で６２０万９９６４件となり、前年に比べ15万５１４９件、２・６％増となった。初めて５００万件を超えた２００４年以降ほぼ一貫して増加傾向をたどっている。救急出動件数を１日平均にすると約１万７０００件と、約５・１秒に１回の割合で出動した計算となる。

このうち、救急車で搬送されたのは５６２万１２１８人（対前年比14万２８４８人増、２・６％増）だ。こちらも一貫して増え続けており、国民の23人に１人が救急隊によって搬送されたことになる。年齢別では、成人（20歳以上64歳以下）が１９１万８４５４人（34・１％）に対し、高齢者が３２１万６８２１人（57・２％）を占めている。高齢化が進むにつれて、利用者の高齢化も進んでいるということだ。

救急隊員がいない！

問題は、救急車を呼んだ理由である。急病が３６０万７９４２人（64・２％）、一般負傷が84万7871人（15・1％）、交通事故が47万6689人（8・5％）となっている。ところが、ほぼ半数は入院加療を必要としない軽症者（外来診療で済む人）や、医師の診断のない人であった。

救急車をタクシー代わりのように利用する悪質なケースについては、かねてより問題視されてきた。安易な利用が減らない一方で、高齢化による需要が拡大すると、救急出動件数は今後さらに増大が見込まれる。結果として、本当に緊急性を伴う患者への到着所要時間がさらに延び、救命率に影響が生じるおそれがあるというわけだ。

到着時間が延びる要因はもう1つある。救急隊員の不足だ。

救急隊は、5140隊設置されている（2017年4月1日現在、前年比50隊増）。救急隊員（最低135時間の救急業務に関する講習を修了した者等）の資格要件を満たす消防職員は12万1854人に及ぶ。

しかし、これらすべてが専任の救急隊員というわけではない。資格を要していながらも救急業務に従事していなかったり、辞令が発せられても消防と兼任したりするケースもある。実際に救急業務に従事する救急隊員は6万2489人にとどまる。2006年の救急隊員は5万8510人だから、わずかながら増えてはいるが、今後の救急出動件数の伸びの予測にとても追いつかないのが現状だ。

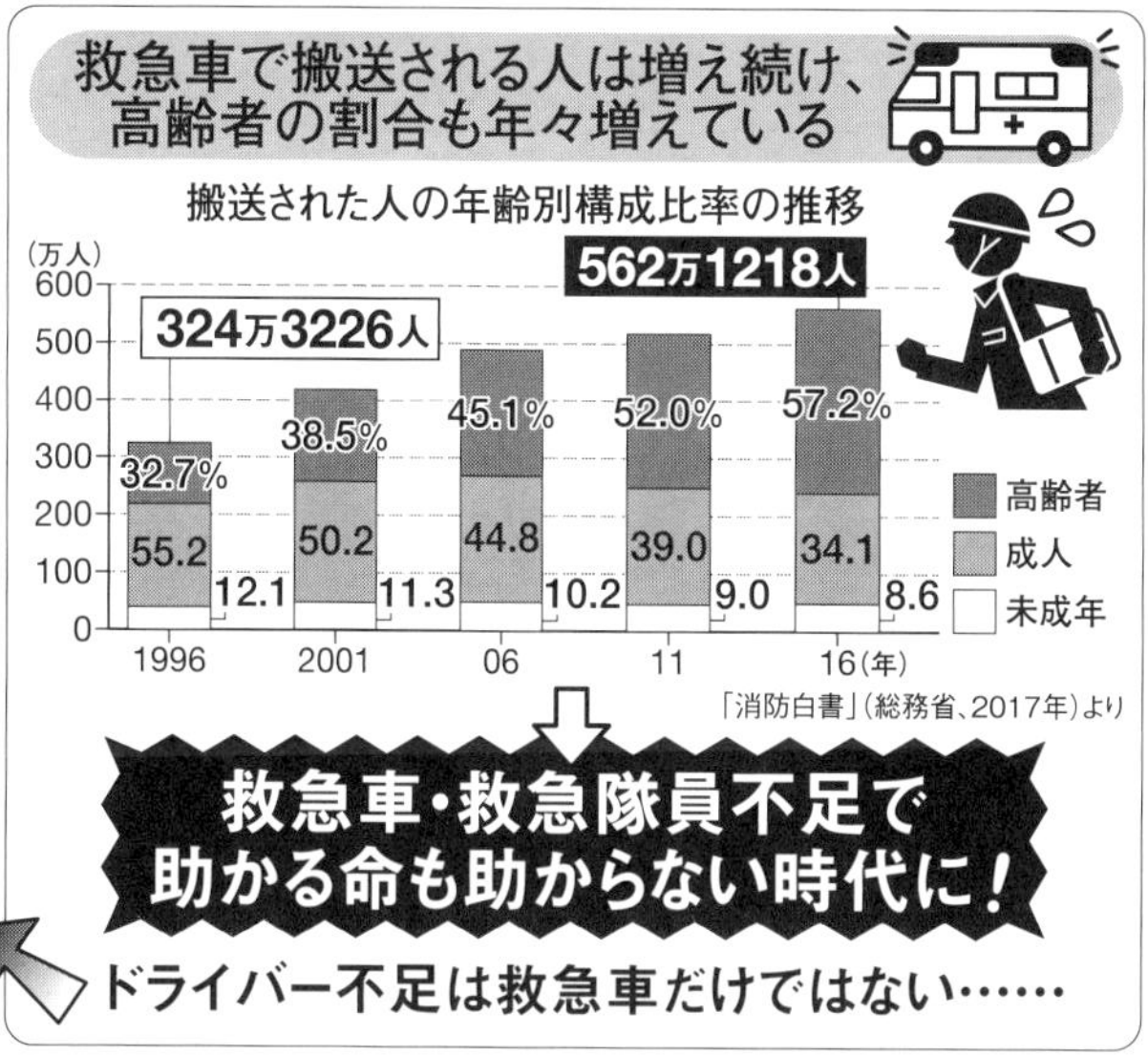

今後、働き手世代が減っていくことを勘案すれば、救急隊員だけが増える状況は想定しづらい。われわれは、救急車がなかなかやってこない社会を覚悟しなければならない。

約7割の運送事業者が人手不足

ドライバーが足りなくなるのは救急車だけではない。われわれの生活を根底部分で支える物流の担い手も不足する。こちらは毎日のことなので、暮らしへの影響はより大きいと言えよう。

引っ越しシーズンにもかかわらず、ドライバー不足の引っ越し業者に断られる人が相次いだというニュースが大きく報じられたが、物流の現場が危機

運送・宅配ドライバー不足も解決困難に！
2020年に 10万6000人
2030年に 8万6000人
が不足！
長時間労働でも給与が低い
すでに高齢化が顕著
一方、
宅配便の数はここ28年で 約5倍 に激増！
品物が「買い物弱者」まで届かない……

的な状況になっている。

「自動車運送事業の働き方改革に向けた現状と課題」（国交省）という資料によれば、67％の事業者が人手不足を訴えている（２０１７年１〜３月期）。公益社団法人鉄道貨物協会の「大型トラックドライバー需給の中・長期見通しに関する調査研究」（２０１４年）が大型トラックの運転者数の需要見通しを推計しているが、２０２０年度に約10万６０００人、２０３０年度に約８万６０００人が不足するという。

背景にあるのが、需要の伸びだ。人手が足りないのに需要だけは伸び続けている。とりわけ凄まじい成長ぶりを示しているのが、ネット通販だ。利便性を求める若い世代を中心に利用者が増えている。

総務省の「情報通信白書」(2017年度版)は、2人以上の世帯におけるインターネットを使って注文した世帯の割合が、2002年の5・3%から2016年には27・8%に伸びたことを紹介している。2016年の1世帯当たりの月間支出額は3万678円に上っている。

実際、宅配便の取扱数は1987年の7億6000万個から、2015年には37億5000万個に膨らんでいる。自宅にいながら買い物をしたり、食事を宅配してもらったりするライフスタイルが増えていると見られる。

さらにトラックドライバーの需要を伸ばす要素がある。「買い物弱者」の増加だ。内閣府がまとめた報告書「地域の経済2016」によれば、2040年時点での人口規模が2万人以下の地域ではペットショップや英会話教室が、1万人以下では救急病院や介護施設、税理士事務所などが、5000人以下になると一般病院や銀行までもが、姿を消すという。

ネット通販の普及は、この予測をさらに深刻なものとしかねない。利益率の高い衣料品をネット通販に奪われ、「一番大きな影響を受けている」とされる百貨店が、むしろネット通販に力を入れ始め、店舗の縮小、再編へと踏み出しているからだ。

ただ、身近な店舗やサービスの廃業や撤退が進むと困るのが高齢者だ。マイカーを運転できなくなれば、途端に行動範囲が狭まり、日常生活に支障が出始め、地方では、ちょっとした買い物でもバスを乗り継がなければならない事例も見られる。

宅配便の約2割が再配達に

こうした「買い物弱者」対策の切り札としてネット通販への期待は高まっている。インターネットを自在に使いこなす世代が高齢になれば、そのニーズに合った商品も充実することだろう。そうなればさらに利用を考える人は増えることになる。

ところが、ネット通販の利用の伸びに合わせてドライバー不足が解決するわけではない。むしろ切り札としての期待が膨らむほど、物流の破綻に拍車をかけることになりかねない。ネット通販への依存度が高まるにつれて、店舗やサービスが縮小・撤退し、ドライバー不足の解消がさらに困難になるという悪循環が続くことになる。

トラックドライバーはすでに高年齢化している。国交省の資料によれば、若年就業者の割合は低く、相対的に中年層の占める割合が高くなっている。２０１４年時点で40～54歳の占める割合は44・３％にのぼり、全産業の平均34・１％に比べて10ポイントも高い。

平均年齢でも、全職業が42・２歳なのに対し、大型トラックは47・５歳、中小型トラックは45・4歳だ。これでは、中長期的に若手・中堅層が極端に少ない「歪み」が生じる可能性が大きい。

若手が参入しづらい背景には、長時間労働の割に所得額が低く、人材を集めにくい労働環境に置かれていることがある。トラック運送業界は、規制緩和による競争激化の渦中にある。厚労省の賃金構造基本統計調査（2016年）などをもとに、トラック業界の労働環境の分析を国交省が試みているが、全職業の平均（年間賃金490万円、年間労働時間2142時間）に対し、大型トラック運転手（447万円、2604時間）、中小型トラック運転手（399万円、2484時間）と、とても厳しいことが分かる。トラック運転手の女性比率が2・4％と、全産業の43・0％と比べて極端に低いことも人手不足に追い打ちをかけている。

こうした状況にあって、ネット通販の拡大に伴うきめ細かなサービスを求められているのである。

一般社団法人日本物流団体連合会の資料によれば、宅配便の約2割にあたる年間7億4000万個が再配達になっている。年間約1億8000万時間のドライバーの労働時間増にあたり、これを人数に換算すれば9万人（トラックドライバーの約1割）分に相当する労働力を再配達に投入しているようなものだという。

CO_2排出量にして約42万tの増で、「JR山手線の内側の約2・5倍の面積の杉林の年間吸収量に相当」すると、資料は解説している。

ドローンも無人運転技術もNG

こうした実態に対し、政府は鈍感だ。どこまで本質を理解しているのかと驚くばかりの意見も聞かれる。

私が出席した某省の審議会で、地方における小売り店の廃業や撤退に話題が及んだ際、幹部官僚からこんな意見が出されたのだ。

「情報通信技術が進歩し、ネットショッピングを利用して店舗に行かない人も増える。自宅で映画を見るので映画館に行かないとか、ネット決済を利用するのではないか」

たしかに、この幹部官僚が予測する通り、映画や銀行決済はインターネットの発達で、もっと便利にサービスを享受できる社会が到来するだろう。

だが、日用品などの購入はこうはいかない。いま困っているのは、ネット通販の品揃えやインターネット環境の整備の遅れではなく、運ぶ人を確保できないことだ。今後、「買い物弱者」の需要が増せば増すほど、ドライバー不足がさらに深刻化し、商品が一向に届かない事態が頻発することは想像に難くない。結果として、少子高齢社会の「切り札」として期待するネット通販が行き詰まるという皮肉を生むことになる。

これに対して、別の省の官僚からは、「ドローン（小型無人機）によって運搬すればよいではないか」という反論も聞かれる。国土交通省では、マンションのベランダにドローンをどうやってうまく着陸させるかが真剣に検討されているというのだ。

だが、これもNGだ。ドローンは運べる荷物の大きさや量にも限度があろう。日本中に大規模な数のドローンが飛び回る社会を想像して頂きたい。歩行者や走行中の自動車・電車、電柱にぶつかりはしないだろうか。ドローン同士が空中衝突したり、荷物が落下したりする恐れもある。危なっかしくて、おちおち散歩にも出掛けられなくなる。

大学教授や民間企業の技術者には、「自動無人運転技術が確立すれば、配送の人手を確保せずに済むようになる！」という〝頼もしいアイデア〟を熱く語る人も少なくない。

技術開発は日進月歩だ。無人運転技術は世界各国が開発にしのぎを削っている。政府は2022年までに自動運転を使った高速道路でのトラック隊列走行の実用化を目指している。近い将来、急速に技術が進むかもしれない。だが、そんな便利な技術がいつ低価格で普及するレベルにまで達するのかは、まだ分からない。

仮に、近い将来、普及まで漕ぎ着けたとして、無人運転のトラック自体が荷台から個別の商品を選別して降ろし、エレベーターのない共同住宅の階段を持って上がり、玄関先まで運んでインターフォンを押してくれるわけではないだろう。そうした技術を待つ間にも日本の高齢化はどんどん進み、「買い物弱者」は増えてしまう。

現在のような便利すぎる物流サービスは、いずれどこかで成り立たなくなることを、われわれはそろそろ理解する必要がある。

自動販売機に補充されなくなる

ドライバー不足を放置し、物流破綻が決定的となったときのことを想像してもらいたい。さまざまな生活シーンに障害が起ころう。あなたの周りでも即座に影響が現れる。

例えば、コンビニエンスストアだ。運ぶ人が極端に足りなくなったならば、棚から次々と商品が消えていくだろう。また、日本の便利さを示すものといえば自動販売機だ。ドリンクや食品だけでなく、さまざまなものが売られており、日本文化の象徴のように紹介されることも多い。だが、これだって誰かが補充をしてくれているからこそ、われわれは全国どこに出掛けても手軽に飲み物にありつける。

仮に、配送会社の人員不足で1ヵ月に1度しか補充できなくなれば、売り切れが続出する。自動販売機そのものが数を減らすことにもなろう。炎天下のグラウンドで運動部の練習を終えた高校生が帰宅途中、カラカラになった喉を潤そうとしたが、自動販売機には1

本も飲み物がなく脱水症状を起こして倒れた——などという光景がそこかしこで見られるようになるかもしれない。

誤解がないように言っておきたいが、私はネット通販を否定しているわけではない。少子化で若い世代が減り、ドライバーの確保も難しくなる中で、このような便利すぎる仕組みを拡大してゆけば、どこかで破綻し、すべての荷物をさばけなくなる。ネット通販に過度に依存しようとしても、続かないということだ。

ネット通販を「買い物弱者」対策に生かしつつも、ドライバーが少なくなっていく状況に対応するには、消費者側が賢く立ち回るしかない。

例えば、マイカーを運転できるような若い世代は、日用品だけでもなるべく店舗に買いに行くよう心掛けるだけで随分違ってくる。そもそも日本人は鮮度や産地など食へのこだわりが強く、「食品については、ネット通販はあまり普及しない」との見方は強い。食品を買いに行くついでに、買えるものは買うということだ。

救急隊員と同様、少子化が進む中でドライバーの確保は容易ではない。働き手世代が少なくなる中で、なるべく便利なサービスを残すには、これまでとは違う工夫がいる。

もし、このまま利便性だけを追求し、運送業の仕事量を増やし続けたならば、日本社会は物流面から完全に麻痺するだろう。

4-3 あなたの暮らしに起きること

ガソリンスタンドが消え、「灯油難民」が凍え死ぬ

すでに12の自治体が給油所ゼロ。農業用機械も動かなくなる

キーワード
●給油所過疎地
●電気自動車
●ミニスタンド

2025年、買い物難民は600万人

自宅近くに商店がなく、食料品などの購入が困難な「買い物難民」という言葉はすっかり定着した。

「買い物難民」の明確な定義は存在しないが、農水省によれば、自宅の500m圏内に生鮮食料品店がなく、自動車を保有していない65歳以上の高齢者は、372万人に上る（2010年現在）。2025年には598万人に増えるという。経産省の調べでは、日常の買い物に不便さを感じている60歳以上が700万人（2014年）もいる。今後、独り暮らしの高齢者が増えることを考えれば、該当者はさらに膨らむだろう。

言うまでもなく、買い物難民が増えるのは人口減少で市場規模が縮むためだ。地域から

消えてなくなる店舗やサービスには毎日の暮らしに欠かせない必需品もある。

中でも困るのがガソリンスタンド（＝サービスステーション。以下、ＳＳ）。いわゆる〝灯油難民〟の登場である。資源エネルギー庁によれば、２０１６年度末のＳＳ数は３万１４６７ヵ所である。ピークだった１９９４年度末の６万４２１ヵ所と比べると、ほぼ半分の水準だ。ＳＳが極端に少なくなった地域では、石油製品の安定供給に支障が生じかねない。

意外な感じもするが、減少率は大都市部のほうが大きい。経済産業省と石油元売り各社などでつくるＳＳ過疎地対策協議会が、「ＳＳ過疎地対策ハンドブック」（２０１７年）なるマニュアルを作成している。それによると、２００６年度末から２０１５年度末の９年間の減少率は、全国平均29・４％に対して東京都では37・７％、神奈川県36・９％、大阪府36・２％と高水準になっているというのだ。一方、この9年間で減り幅が小さかったのは、沖縄県11・０％、北海道20・９％、長崎県21・７％などである。

こうした数字を見ると、大都市部が深刻のようだが、実態はそうではない。「ハンドブック」によれば、大都市部が大きく減っているのは、人件費を減らすためにセルフスタンドに改装するなど、集約・統合が進んだためだ。大型チェーン店が多い大都市部では設備の大型化への投資が進みやすく、コンビニエンスストアなどへの転業も展開しやすい。

これに対して、人口減少の激しい地方では経営規模の小さいＳＳが多く、転廃業が進みにくい。人口減少に伴うガソリン需要の落ち込みに加え、設備更新が進まないため、設備の寿命が来たり、経営者が高齢化したりして閉鎖が起こりやすくなっているのである。

12の自治体が給油所ゼロ

経済産業省が行っている実態調査の数字を見てみよう。経産省はSSが3ヵ所以下の自治体を「**給油所過疎地**」と定義している。ただ、自分が住む自治体にSSがなくても、隣接自治体で営業するSSに出掛けて対応している地域もあることから、最寄りの給油所まで15㎞以上離れている居住地域を含む自治体も、対象に加えて調べている。

その調査結果によれば、2017年3月末時点で3ヵ所以下だった自治体は302であった。ゼロという自治体は青森県西目屋《にしめや》村など12町村に上っている。かろうじて1ヵ所だけ残っている自治体が75町村。2ヵ所は101市町村、3ヵ所は114市町村であった。

一方、最寄りの給油所まで15㎞以上離れている居住地域を含む自治体は、302市町村に及んだ。このうち53町村が重複しているので、いずれかに該当する自治体は551市町村である。ここには、東京都や神奈川県といった大都市を抱える都府県の自治体も含まれるが、その多くを北海道の自治体や離島、山間地などが占めている。

三菱総合研究所が給油所過疎地に立地する1436のSSを対象に行ったアンケート

「SS過疎地実態調査」（2017年）によれば、72％は「継続する」としたが、9％は「廃業を考えている」と回答し、「未定」も19％に上った。

とはいえ「継続する」と回答したSSに見通しが立っているわけではない。「継続する」「未定」と回答した給油所の経営者のうち、経営の引き継ぎについて「あてがなく、自治体や元売りに後継者の相談をしたいと考えている」（8％）、「あてがなく、事業売却を考えている」（7％）などと回答している人がおり、今後の状況次第では廃業に至る可能性があるところが3割近くを占めた。「給油所過疎地」に立地するSSの39％が過去5年間の経営状況が赤字だったり、赤字に転落したりしていた。

もちろん、SSの経営難は人口減少だけが要因ではない。政府は2011年から、老朽化した地下タンクの漏洩《ろうえい》防止対策を義務化したが、改修には多額の投資が必要で、国の補助を受けても数百万円超の自己負担が生じるため、個人経営では採算がとれず、高齢経営者のSSを中心に廃業に追い込まれたところが多かった。

しかし、少子高齢化や人口減少が廃業の背中を押している面も大きい。たとえば、少子化によって若い世代が減り、購入層が薄くなったことに加え、高齢ドライバーの増加は全体として走行距離を短くする方向に作用するだろう。こうした構造的な要因がガソリン販売量自体を低迷させているのだ。

一方、自動車の燃費向上や若者のマイカー離れによる影響もある。しかも、ガソリンは商品の差別化が難しく、どうしても価格競争に走りがちだ。こうした要因が絡み合い、燃料販売では儲からなくなったところは洗車や用品販売に力を入れるようになったが、それでも経営的に持ちこたえられなくなったところから閉鎖に追い込まれたのである。

電気自動車はまだ普及しない

「ＳＳ過疎地実態調査」は、廃業または未定と答えたＳＳを含む自治体が、全体の約半数にあたる２０４に及んだとしている。廃業を考えるＳＳを含む69市町村のうち16ヵ所は、遠くない将来、ゼロになる可能性が大きいとも指摘している。

一般的に、販売量が少ないほど営業利益が赤字となりやすい傾向にあるとされるが、「ＳＳ過疎地実態調査」によれば、月間販売量50 kℓ以下の零細なＳＳの経営環境がより厳しい。こうした零細スタンドの経営者は60歳以上というところが56％を占める。従業員数も59％が０〜１人だ。しかも人件費などのコストの高止まりで55％が赤字経営に陥っており、24％が廃業を考えていると答えている。

実態調査は、こうした月間販売量50 kℓ以下の零細なＳＳが、２０１５年の25％から、２０２５年には33％に増加すると分析している。

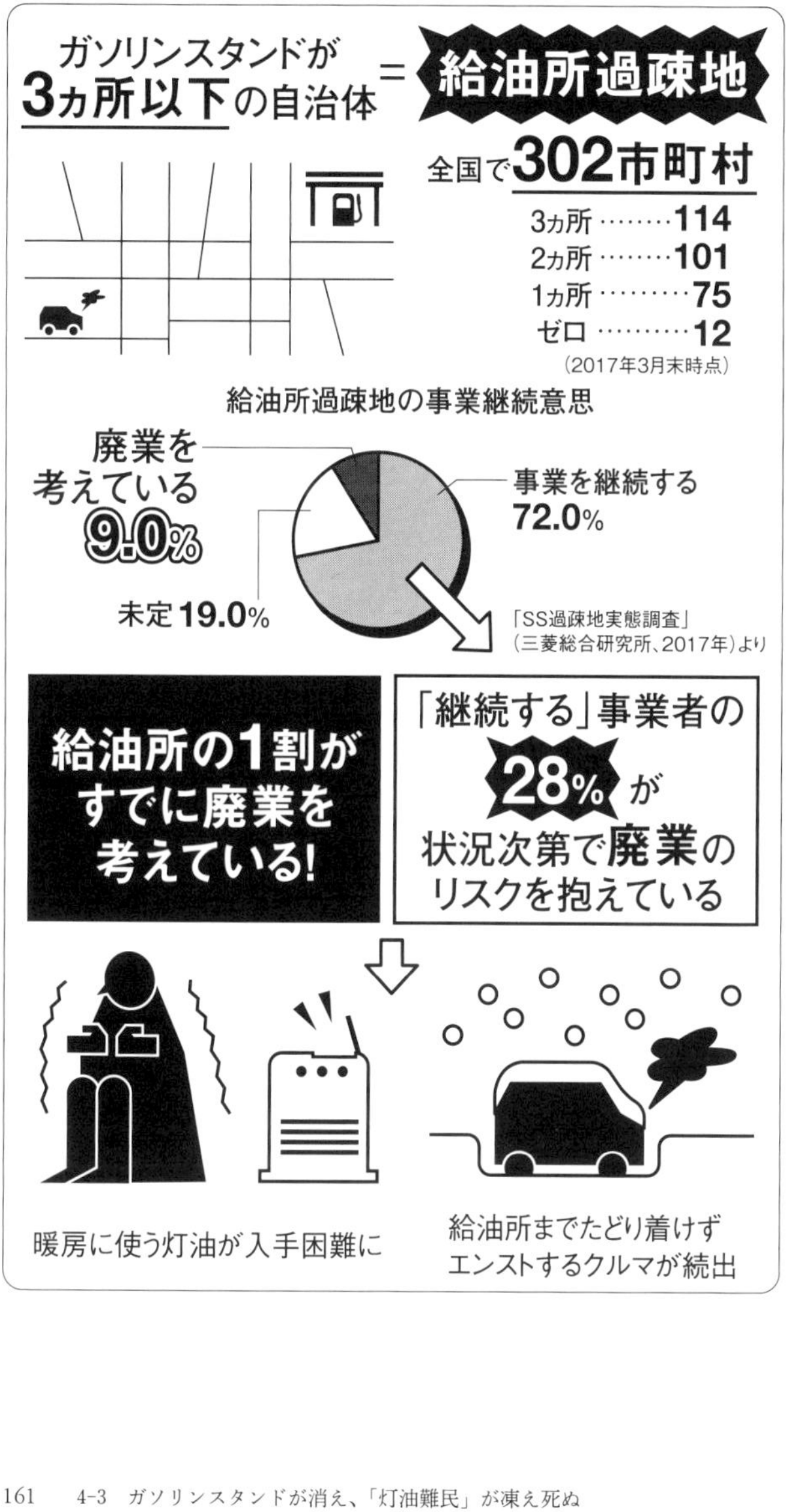
ガソリンスタンドが
3ヵ所以下の自治体
=
給油所過疎地
全国で302市町村
3ヵ所……114
2ヵ所……101
1ヵ所……75
ゼロ……12
（2017年3月末時点）
給油所過疎地の事業継続意思
廃業を考えている 9.0%
事業を継続する 72.0%
未定 19.0%
「SS過疎地実態調査」（三菱総合研究所、2017年）より
給油所の1割がすでに廃業を考えている！
「継続する」事業者の28%が状況次第で廃業のリスクを抱えている
暖房に使う灯油が入手困難に
給油所までたどり着けずエンストするクルマが続出

前出の「ハンドブック」によれば、都市部と過疎地とでは月間のガソリン販売量の差は大きく、地域別の月間販売量を比較すると、全国平均137klに対し、都市部は530kl、過疎地は34klと極端な開きが生じている。平均月間粗利額で見ても、都市部の約515万円に対し、過疎地は約33万円に過ぎない。

2021年に向けて年率1・5％の需要減を見込むなど、今後の燃料油需要が引き続き減少傾向をたどるとも実態調査は推計しているが、これらのデータを見る限り、「給油所過疎地」では、零細SSが今後ますます増えそうである。

SSの激減に対して、「電気自動車が普及すれば、SSも要らなくなる。自宅で充電できる電気自動車の普及を促そう」と語る識者も少なくない。だが、これは無定見だ。

電気自動車の価格はガソリン自動車に比べてまだまだ高く、しかも普通に考えれば購買層の厚い乗用車が先行するだろう。ところが、地方では農作業で使う軽トラックなどの需要が小さくない。こうした車種まで電気自動車となって普及するにはかなりの時間を要するだろう。その間にも、「給油所過疎地」はどんどん広がっていく。

ミニスタンドはうまくゆくか

そもそも考えてみてほしい。SSは自動車に給油するだけの場所ではない。暖房用の灯油や農業用機械の燃料を買い求める人もいる。冷寒地でＳＳが身近なところに無くなり、灯油が簡単に入手できなくなれば、独り暮らし高齢者はひっそりと凍え死にしかねない。農業用機械を動かせなくなれば、農業も成り立たなくなる。

灯油に関しては、「地域を巡回する販売業者がいるから大丈夫」とも思いがちだが、そうとは限らない。ストーブ用の用途が大きい灯油は、いわば冬季中心の季節限定商品だ。巡回する販売業者には他地域から〝出稼ぎ〟のようにやってくる業者も少なくはなく、売り上げが伸びない地区は突然巡回をやめることもありうる。

こうしたケースは大都市や中堅都市も例外ではない。とりわけ交通網の発達した大都市部ではマイカーを持たない世帯も増えてきており、統廃合の影響を受けて地域内にＳＳが存在しなくなったエリアも増えている。そんな地域では、やむを得ずポリタンクを自家用車や自転車の荷台に積んで、遠くのＳＳまで買いに行く〝灯油難民〟の姿を見かける。

「給油所過疎地」では、独自の対策も広がってきている。道の駅に隣接する閉鎖中の給油所を自治体が買い取って再開させたり、経営が立ちゆかなくなった給油所を、地域住民らの出資する会社が買い取って事業を継続させたりするケースもある。

灯油を配送する日を絞り込んで、ＳＳの従業員の仕事を効率化し、他の事業に振り向ける取り組みや、高齢者の安否確認と灯油の配送を兼ねるなど、生活支援の役割を担わせることで継続させるといった試みも始まっている。災害が起こった際に役所に通報するといった行政機能の一部を担ってもらおうという取り組みもある。行政拠点となれば住民や行政関係の給油も増え、経営の下支えになるというアイデアだ。

こうした状況に、経産省も重い腰を上げ、２０１７年5月に石油元売り各社や業界団体との協議会を開催し、各自治体に地域の将来ビジョンを立てるよう求めることにした。

ただ、公的支援で存続させても、人口減少がさらに進めば先細りを避けられない。そこで注目を集めるのが、過疎地の経済規模に見合った「ミニスタンド」だ。商店や役所の敷地内に簡易施設をつくり、給油機を兼ねた小型タンクを設置して、来客があったときにのみ危険物取り扱いの資格を持つ店員や自治体職員が給油しようというのだ。

整備費は地下タンクを備えた従来のＳＳを整備するのに比べて3分の1程度に抑えられるとの試算もある。しかも地下タンクではないので、タンクの腐食などは確認しやすく、老朽化に伴う漏洩防止対策も必要ない。

もちろん、これも課題がないわけではない。タンクの容量が小さいため、タンクローリーの場合とは違って補充に手間やコストがかかるというのだ。従来型の店舗が1店でも残っていれば価格面で見劣りして、利用が伸び悩む可能性もある。

長距離ドライブもできなくなる

ＳＳの消滅は、やがてその地域全体の衰退を招くだろう。だが、影響を限定的に捉えるのは正しくない。東日本大震災や熊本地震の際に燃料基地として大きな役割を果たしたことは記憶に新しいだろう。ＳＳとは、発電なども含め地域の燃料全般を安定的に供給する役目を担っている存在でもあるのだ。

しかも、ＳＳの減少は、人口減少が進む地域だけの問題というわけでもない。長距離ドライブをした際、ＳＳがなかなか見つからず給油に困ったという経験をお持ちの方も少なくないだろう。ましてや、旅先で事故に遭ったり、車が故障したりしたときには、近くにＳＳがなければ立ち往生する。いつあなたが同じような体験をするかは分からない。

それは長距離トラックやバスなども同じだ。日本の物流を支えている長距離トラックやバスが給油場所を探して遠回りせざるを得なくなれば、時間的なロスが生じ、到着時間や配達時間の遅れにつながりかねない。

結果として、コストが上がり、運賃や商品価格に跳ね返ることだって想定される。公共交通機関が発達していない観光地では車を利用した観光客が多いが、ＳＳが１軒も無いとなれば、やがて客足は遠のくことだろう。ＳＳが立地困難な場所の広がりは、思わぬ形で日本社会全体に深刻な影響を及ぼす大問題なのである。

4-4　あなたの暮らしに起きること

山林に手が入らず、流木の犠牲となる

過去最大級の流木災害にも、実は人口減少が深く関わっている

キーワード
- 九州北部豪雨
- 間伐
- 森林バンク

九州北部豪雨の教訓

日本では豪雨による災害が目立つようになった。ニュースでは「50年に1度の大雨」といったフレーズが頻繁に飛び交う。いつ自分が被災者になるか分からないと不安に思っている人も少なくないだろう。

だが、人口減少が豪雨災害をより甚大にしていることは、あまり知られていない。２０１７年７月に福岡・大分両県を襲った九州北部豪雨が典型例なので、ここで紹介しよう。

九州北部豪雨では、被災した集落に、根が付いたままの大木が広範囲に横たわっていた映像が衝撃的であった。上流から流れてきた多数の木が橋に引っかかって川の水を堰《せ》き止め、溢れた水が濁流となって集落をのみ込んだ可能性があるのだ。流木が直撃し無残な姿

と化した民家も見られた。

国土交通省は「過去最大級の流木災害」としている。一般的な土石流災害における流木量と比較したところ、過去の災害の単位面積あたりの発生流木量は概ね1000㎥/㎢以下だったのに対し、九州北部豪雨では288の渓流のうち約半数の134の渓流で、これを超えていたというのだ。最も多かった赤谷《あかたに》川の渓流ではその20倍近くに達したという。

なぜ、これほどまでに大量の木が流出したのだろうか？

流木が多くなったのは、複合的な理由からだとされる。まず、豪雨に襲われた福岡県朝倉市や東峰《とうほう》村の山間部は風化しやすい火山性の地質で、大量の水を含むと崩れやすかった。そこに猛烈な雨が降ったため、いたるところで「表層崩壊」が起きたと見られる。

看過できないのは、こうしたもろい地層の上に、人為的に植林された「人工林」がつくられていた点である。これが被害を大きくした要因とされる。

人工林に植えられたのは、深く根を張らない針葉樹のスギやヒノキだ。種子から生長する木と比べ、挿し木から育てる木々の根は浅い。しかも、一斉に植林するため、根の深さがそろってしまい、根の下の地層がさらに弱くなる。

これらだけでもかなり危険な状態だと言えるが、加えて人口減少に伴う林業従事者不足が人工林をさらに災害が起きやすい状況にしていた。

林業従事者は年々減り続ける

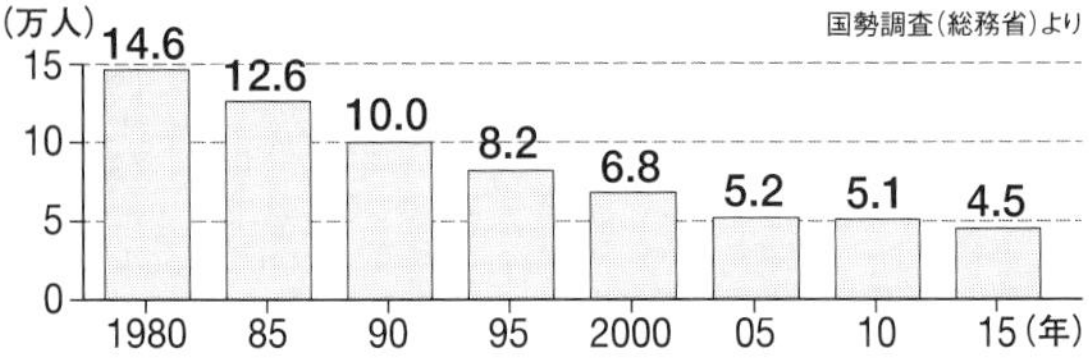

木材の需要も減少

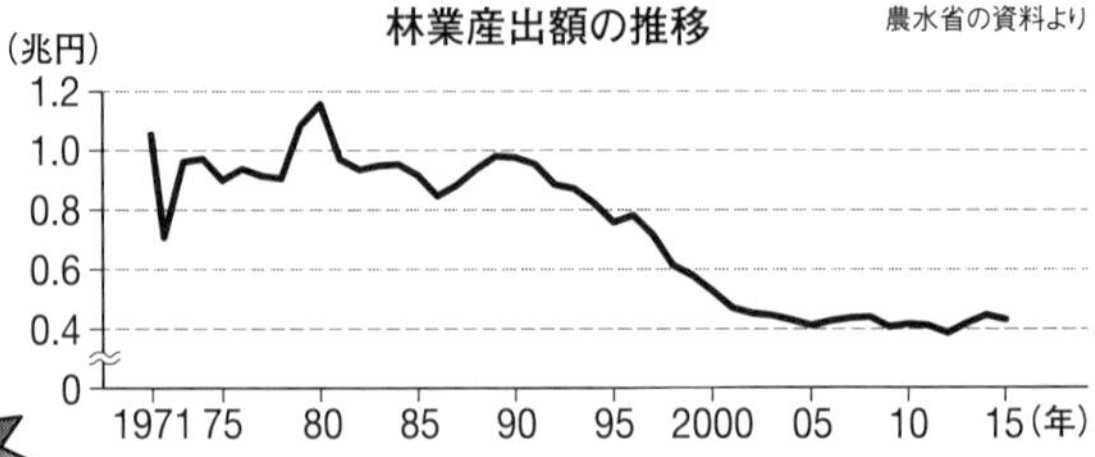

木々を伐採する人手が足りなくなると……

人工林では、一定の面積内に非常に多くの植林を行う。木の生長に合わせて数年ごとに間伐を繰り返しながら適正数を保っていく。

間伐が遅れたり、放置されたりすると、木が込み合って日光が差し込まず、下草が育たなくなる。落ち葉や下草から作られる土壌が貧弱になると、林地に表面侵食が起き、土砂崩れが起きやすくなる。森林の洪水緩和機能というのは、土壌が「落ち葉や下草つき」で豊かになって初めて発揮されるのだ。逆に言えば、間伐をすることで、表土の流出を防ぎ、保水力を高めているのである。

朝倉市や東峰村についての詳細な

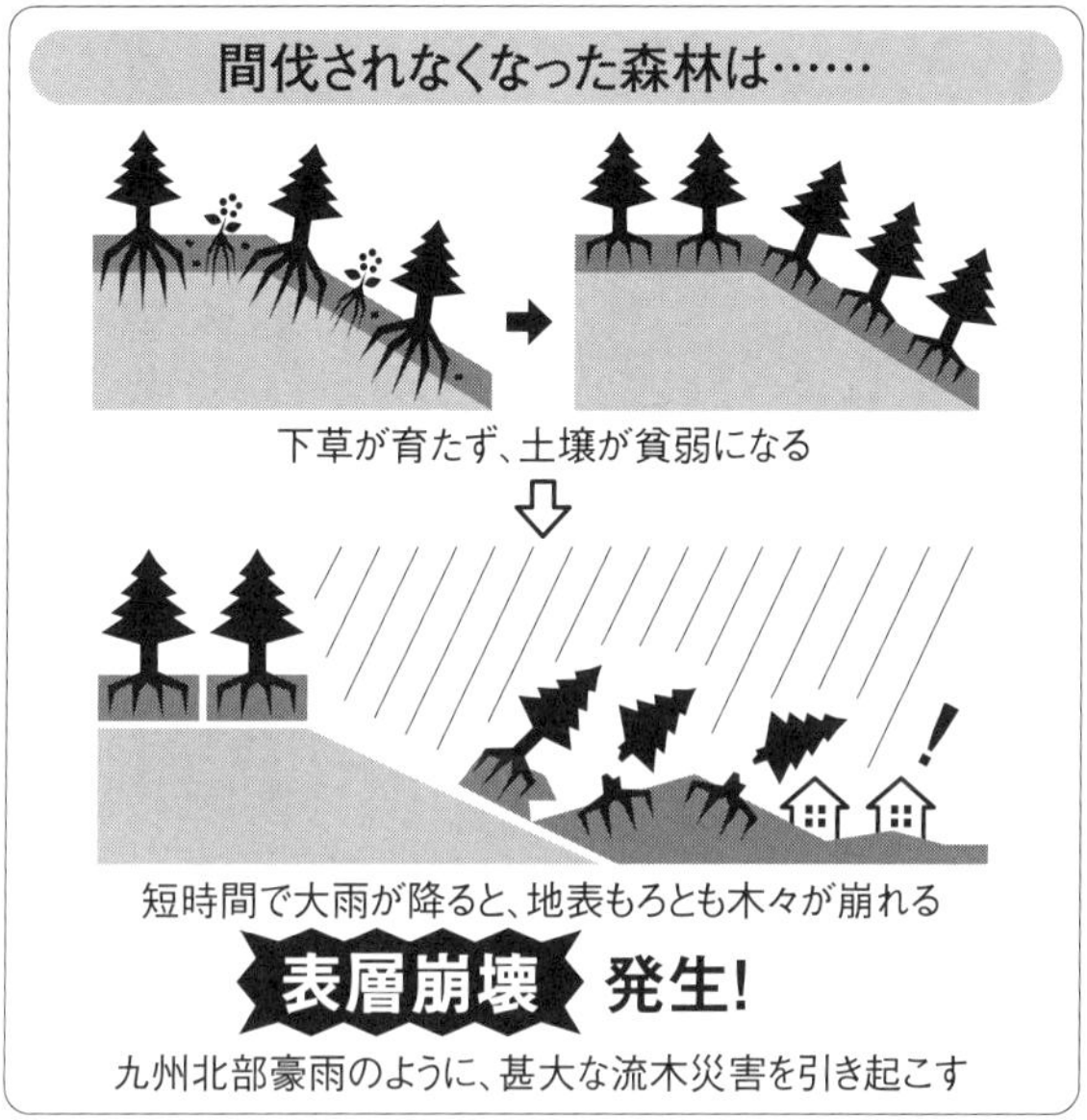
間伐されなくなった森林は……
下草が育たず、土壌が貧弱になる
短時間で大雨が降ると、地表もろとも木々が崩れる
表層崩壊 発生!
九州北部豪雨のように、甚大な流木災害を引き起こす

調査は専門家に委ねなければならないが、流木には樹齢40年以上の木もあったと見られている。こうした人の手が入っていない人工林に、短時間で記録的な量の雨が降り注いだため、地表面のもろい地層が木々もろとも崩れ落ちる「表層崩壊」が同時多発的に発生したというわけである。

　これは、朝倉市や東峰村だけに限った特殊災害ではない。人工林は、日本の至るところに存在する。日本では大都市などでも山の急斜面の近くまで住宅密集地が迫っているところが少なくないが、豪雨は場所を選ばない。都市住民だって人ごととは言えないだろう。

収穫期の人工林も放置され続ける

日本に人工林が多いのは、戦後、国策として全国的に推進されたためである。

誰もが知るように、日本は世界有数の森林大国だ。森林面積は国土の3分の2にあたる約2500万haだ。林野庁によれば、このうち人工林が41％にあたる約1029万ha、残る1479万haが天然林である。

人工林はスギが44％、ヒノキが25％、カラマツが10％を占める。針葉樹林が積極的に植えられたのは、生長が早く建築資材等に利用できるためだ。多くは、1950年代半ばから1970年頃にかけて木造住宅建築のため植林された。とりわけ昭和30年代には「拡大造林」という方針のもと、全国で大量の針葉樹が植えられた。

国策として植えられたにもかかわらず、間伐が行われないのはなぜか。一つは少子高齢化に伴い林業従事者が減っていることが挙げられる。2014年には3033人の新規就業者もいたが、国勢調査（総務省）によれば、1980年に14万6000人を数えた従事者数は、2015年には4万5000人にまで減った。人手が足りず、間伐が行き届いていないのが実態である。

少子高齢化による影響は、林業従事者不足だけにとどまらない。後継者とならなかった次世代の中には、林業をしていた親が亡くなった際、森林となっている土地の相続手続きをしていないケースが少なからずあり、「所有者の分からない森林」が増えているのだ。

政府は、民有林の森林整備に使う新税「森林環境税」を2024年度から導入する。所有者が間伐できない場合、市町村が管理を受託し、やる気のある事業者に貸し出す「森林バンク」制度を整備していく方針だが、「森林バンク」を機能させるにも、森林の所有者や境界線を明確にすることが必要となる。

使い頃の木々が放置されている

人工林が放置され続ける背景には、林業を取り巻く構造的な問題も存在する。国策による大植林の一方で、安価な外国産木材の輸入が進み、人工林の木々の、建材としての需要を減らしていったことだ。こうした需要の減少も少子高齢化と無関係ではない。

農林水産省の「生産林業所得統計報告書」によれば、木材需要量のピークは1973年、木材価格のピークは1980年だ。林業産出額はこの年の1兆1588億円から減少カーブを描き、近年は4000億円前後となっている。ビジネスとして成り立ちづらくなってきているので林業従事者が減り、それが故に伐採期を迎えた木々の伐採に手が回らなくなるという悪循環が起こる。しかも、間伐とは将来的な木の生長のための作業であり、ただちに利益を生むわけではないから、余計に後回しにされがちである。

こうして行き場を失った木々は放置されてきた。利用価値のある国内の森林資源を活用せず、海外から輸入するので、どんどん蓄積されていくことになる。日本の森林蓄積（木が生長した体積量）は毎年約8000万㎥増加しており、人工林だけで約30億4000万㎥（2012年時点）に及んでいる。

放置されてきた人工林の木々は50〜60年の時を経た今、ちょうど使い頃の収穫期を迎えている。林野庁の推計では、「10歳級」（46〜50年生）以上の人工林は2012年時点で51％を占めるが、このまま推移したならば2020年度末には70％程度に達するという。

これだけの木々が森林資源として活かされないどころか、豪雨のたびに私たちを脅かす流木になろうとしているのである。

九州北部豪雨では、人手不足を補うために森林に整備された、重機を通す作業道に雨水が流れ込み、川のようになって倒木や土砂崩れを引き起こす一因になったとの見方も浮上している。高齢者が増えて避難に時間のかかる「災害弱者」が増えていく。

少子高齢化や人口減少が国民の「安全・安心」に大きな影響を及ぼしていることに、われわれはもっと目を向けなければならない。

5-1 — 女性に起きること

オールド・ボーイズ・ネットワークが、定年女子を「再就職難民」にする

女性の平均寿命は87歳超。定年後の再就職先は、男性と比べてなかなか決まらない

キーワード
- 人生１００年時代
- 男女雇用機会均等法
- 女性起業家

女性の2人に1人が90歳まで生きる

高齢社会の要因の一つに平均寿命の延びがある。男性に比べて女性のほうが長寿であることを考えれば、前著『未来の年表』にも書いたとおり、これからの日本は「おばあちゃん大国」になる。〝80代ガール〟がファッションリーダーとなり、今では考えられないような流行やブームもやって来るだろう。

だが、長寿を喜んでばかりもいられない。老後の収入をどう安定的に確保するかを考えなければならないからだ。１９８６年に男女雇用機会均等法が施行されて以降、女性の社会進出が進んだ。これからの「おばあちゃん像」も大きく変わることだろう。

「定年退職」というと、哀愁漂う初老男性が若い女性社員に花束を贈られ、後輩たちの大拍手を背にオフィスを後にするという光景を思い浮かべがちである。だがもうすぐ、日本のビジネス史において経験したことがない場面に遭遇するだろう。かつてない規模での「定年女子」の誕生だ。

「定年女子」はどのくらい増えるのだろうか？

総務省による２０１７年の「労働力調査（速報値）」を見ると、55歳から64歳の女性の正規職員・従業員は１３１万人いる。45歳から54歳となると、２５０万人だ。65歳を定年と見なして、この女性たちが定年を迎える場合、10年後には１３１万人の女性が定年を迎えており、20年後にはさらに２５０万人の女性が定年に達している。合わせると、約３８０万人の女性が定年後の生活を歩むことになるのだ。

この節の冒頭でも触れたように、１９８６年に男女雇用機会均等法が施行されて以降、オフィスの風景は大きく様変わりした。寿退社が多く、コピー取りやお茶汲みが女性の仕事とされた時代は完全に終わり、今後は１つの会社に勤め続けて定年退職を迎える女性社員が増えてくる。

統計の数値がそれを先取りしている。総務省の「労働力調査（基本集計）」の平均速報（２０１７年）によれば、定年まで10年以内の55〜59歳の女性の就業率は、２００７年の59・５％から２０１７年には70・５％へ上昇した。60〜64歳も２００７年の41・０％から

定年まで10年以内の女性の就業率は年々上昇している

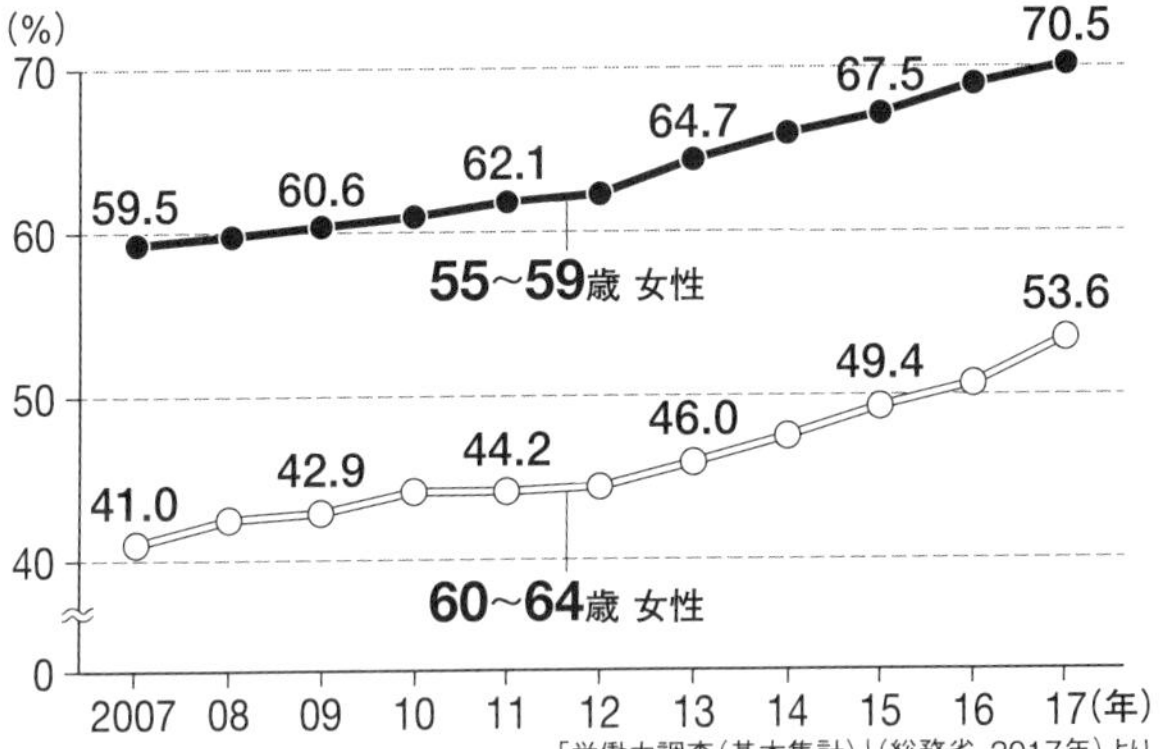

「労働力調査（基本集計）」（総務省、2017年）より

定年を迎えた女性に待ち受けることとは!?

２０１７年は53・６％に増加した。

内閣府の「男女共同参画白書」（２０１６年版）は、「子供ができても、ずっと職業を続ける方がよい」と考えている人は45・８％だと伝えている。

１つの会社に勤め続け、昇進する女性も珍しくなくなり、女性役員も次々と誕生した。厚生労働省の「雇用均等基本調査」（２０１６年度）によると、課長相当職以上の管理職の12・１％は女性である。

男女雇用機会均等法の施行年に四年制大学を卒業して就職した女性の多くが、２０２４年には60代に突入する。この世代は途中で退職した人も少なくないが、彼女たちより少し後の世代は

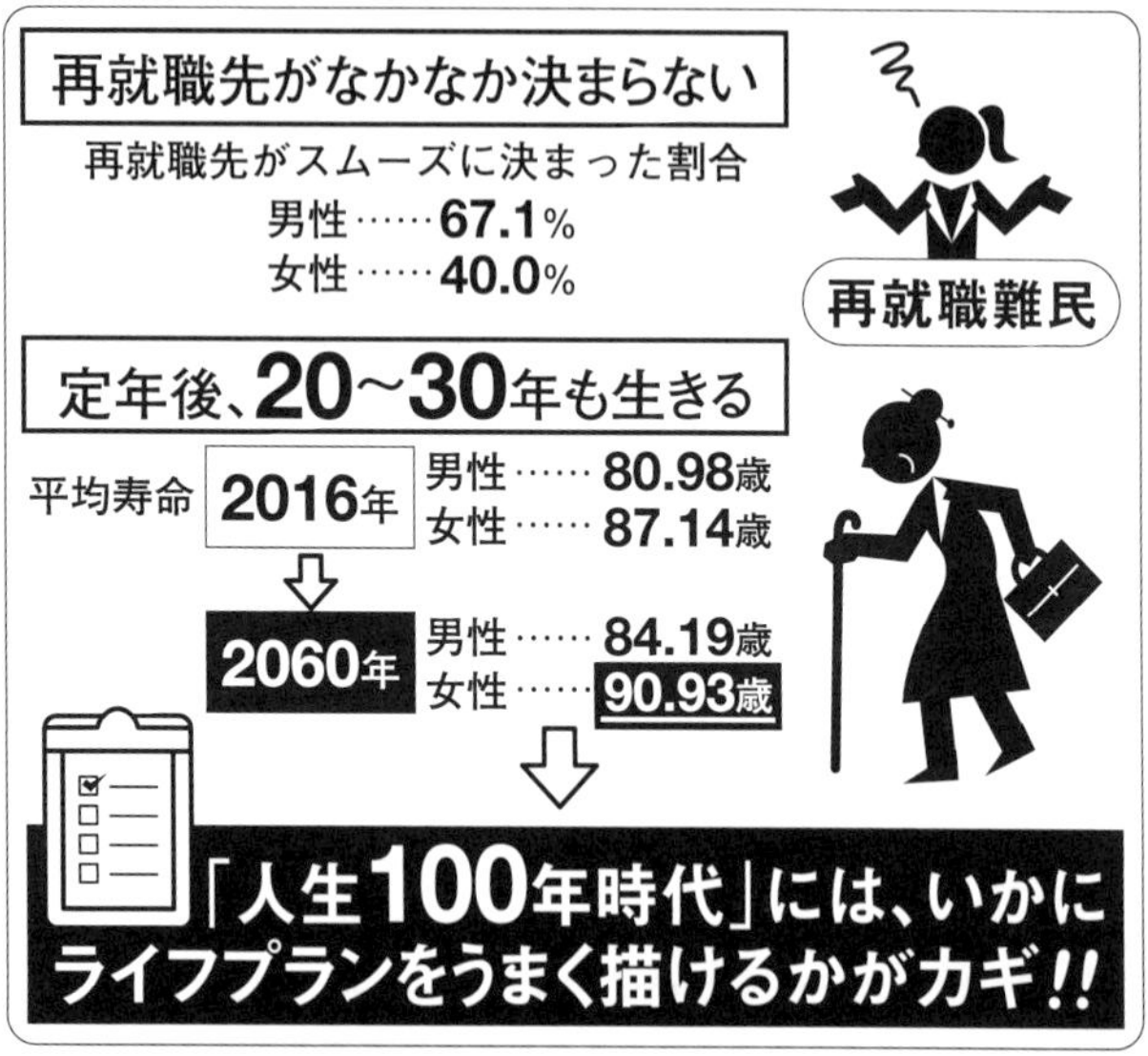

働き続けている割合が増えてきており、定年まで働き続ける女性はさらに増え続けることが予想される。

ところで、定年後には長き時間が待ち受けている。戦後、日本人の平均寿命は延び続けてきた。厚生労働省の「簡易生命表」によれば、2016年の日本人の平均寿命は女性が87・14歳、男性は80・98歳だ。ともに過去最高を更新し、香港に次いで世界第2位である。

ちなみに、戦後間もない1947年には男性50・06歳、女性53・96歳である。だが、平均寿命が延びるといっても、「若き時代」が増えるわけではない。老後がひたすら延び続け、戦後間もない時代の高齢者には想像もできないほど膨大な時間を過ごすことになる。

2016年生まれが90歳まで生きる割合は、女性が2人に1人（49・9％）、男性も4人に1人（25・6％）だ。95歳までなら、女性25・2％、男性9・1％に上るという。

「簡易生命表」は各年齢の平均余命も計算しているが、2016年時点で40歳だった人の平均余命は男性41・96年、女性は47・82年だ。70歳だった人は男性15・72年、女性19・98年である。「人生100年時代」と言われる所以《ゆえん》である。

女性は再就職が難しい

こうした「人生100年時代」を展望したとき、定年後も働くというのは大きな選択肢の一つとなろう。ところが、定年女子を待ち受ける雇用環境は、決してバラ色というわけではない。定年退職を迎える女性の場合、厳しい現実が立ちはだかっているのだ。

第一生命経済研究所が定年前後に再就職した60代に調査を実施しているが、男性は「退職前から（再就職先が）決まっていた」が36・8％、「満足のできる再就職先がすぐに見つかった」が30・3％と、70％近くが定年後の人生の選択をスムーズに決めている。これに対して女性はそれぞれ22・2％、17・8％と、苦戦ぶりをうかがわせる数字が並んでいる。男性以上に、長い老後のライフプランを描き切れない女性が増えることが予想される。

男女の差が生じる要因としては企業側の責任も小さくない。男性の場合、「前の勤め先が紹介してくれた」が26・3％なのに対し、女性はわずか4・4％にすぎない。

50代後半の女性の53・0％は勤務先から定年後の仕事に関するアドバイスや情報提供を受けておらず、多くはハローワークや友人・知人、インターネットを使って自ら情報を集めているのである。

男性と同様に65歳までの再雇用制度も利用できるが、前出の第一生命経済研究所の調査によれば、男性の6割ほどの水準だ。むしろ、以前から関心のあった資格を取得するためにスクールに通うなど、「第2の人生」を切り開こうという傾向も見られる。

オールド・ボーイズ・ネットワークの妨害

定年女子の再就職を厳しくしている要因の一つに、「オールド・ボーイズ・ネットワーク」の存在がある。

「オールド・ボーイズ・ネットワーク」とは、排他的で非公式な人間関係や組織構造のことだ。伝統的に男性中心社会であった企業コミュニティーにおいて、暗黙の内に築き上げられてきた。

社内派閥や飲み仲間、業界の勉強会、経営者の親睦団体など、ネットワークの形態はさまざまだ。多くの男性はこうした人脈を通じて情報交換をしたり、仕事上の便宜を図ったりしている。

女性たちは、ほとんどが蚊帳の外に置かれているため、組織の文化や暗黙のルールも伝わりにくい。

重要な人事異動や新規プロジェクトが、仕事帰りの居酒屋などの会話の中で決まることも少なくない。女性の昇進を妨げている大きな要因として挙げられるが、定年後の好条件のポストについても例外ではないということだ。

そうでなくとも、女性の場合、これまで1つの企業で働き続ける人が少なく、定年後の生活について参考にできる先輩がなかなか見つからない、相談できる仲間がいないという事情があった。

企業には女性が定年退職まで働くことすら、あまり想定してこなかったところさえある。企業経営者は、定年女性の再就職の受け皿づくりを急ぐべきである。

高齢女性の万引きが、刑務所を介護施設にする

女性の入所受刑者は20年前の約9倍。介護者としての女性刑務官も不足する

キーワード
- 高齢再犯者の増加
- 貧困おばあちゃん
- 認知症受刑者

高齢犯罪者は再入者の割合が高い

高齢者の人数が増えるにつれて、必然的に高齢者による犯罪も多くなる。

法務省の「犯罪白書」（2017年版）によれば、2016年の高齢者の刑法犯検挙数は4万6977人（前年比1・4％減）で、約20年前の1997年と比べると約3・7倍の伸びとなった。他の年代と比べると突出している。2008年までは著しく増加していたが、ここ10年ほどは概ね横ばいで推移しており、高止まり状況にあるといえる。

高齢者刑法犯についてさらに詳細に見ていくと、窃盗が72・3％に上り、全年齢層の平均51・0％と比べても極めて高い。とりわけ女性では91・9％が窃盗であり、万引きが80・3％と突出している。一方、傷害や暴行の検挙数も増加し、2016年は両罪で5

823人（前年比5・4％増）であった。これは1997年の約17・4倍である。さらに、重大事犯である強盗も増加傾向にある。

刑務所を見てみると、高齢者の入所受刑者は2498人に及び、1997年の約4・2倍に増えた。女性に限れば約9・1倍だ。人数が増えたことで高齢者率（入所者総数に占める高齢者の割合）も伸び、12・2％と前年比1・5ポイント増となった。ここでも女性は、統計データのある1984年以降で最大の18・1％となり、1997年（3・5％）と比べれば約5倍の顕著な伸びを示している。

高齢者の特徴は、入所受刑者全体の中で再入者の割合（再入者率）が70・2％（全年齢層平均は59・5％）と高いことにある。2年以内の高齢者の再入者率は23・2％で他の世代と比べて一貫して高水準にある。2016年に受刑者となった高齢女性363人のうち、初めて刑務所に入った人は177人。これに対し2〜5回目という人は149人、6回以上の「常連」は総数の1割を超える37人も確認された。

全年齢での刑法犯は戦後最多となった2002年をピークに減少傾向が続いているのに、なぜ女性高齢者は繰り返し犯罪に走るのだろうか？

高齢再犯者が増加する背景には、高齢者ゆえの社会復帰の難しさがある。ここでも、高齢社会の特徴の一つである独り暮らしの増加が大きく影響している。仮釈放となっても身元引受人がいなかったり、帰る家がなかったり、就労も難しく経済基盤が不安定だったりするのである。

とりわけ若い頃から犯罪を繰り返すうちに高齢者となってしまったケースでは、職業や住まいを失い、地域内で孤立を深めて再犯に及んでいることが推察される。

刑務所のほうがマシ

一方で、高齢者になってから初めて刑務所に入る人も増えている。生活に困窮して犯罪に手を染めているのだ。

内閣府の「高齢社会白書」(2017年版)によれば、高齢者世帯の2014年の平均所得は297万3000円だ。全世帯から高齢者世帯や母子世帯を除いた世帯の644万7000円の5割弱の水準である。世帯人数が少ないほど生活コストは割高になることから、こうした影響を調整した平均等価可処分所得金額で比べると、高齢者世帯は211万6000円に対し、その他の世帯は307万7000円であり、96万1000円低い。

高齢者世帯のうち、所得を公的年金や恩給にすべて依存するとしているのは55・0%だ。80%以上依存するという世帯も13・0%に上り、合わせて68・0%が「年金・恩給頼み」の暮らしをしている。

高齢の女性受刑者が増えている

女性の入所者に占める女性高齢者の比率

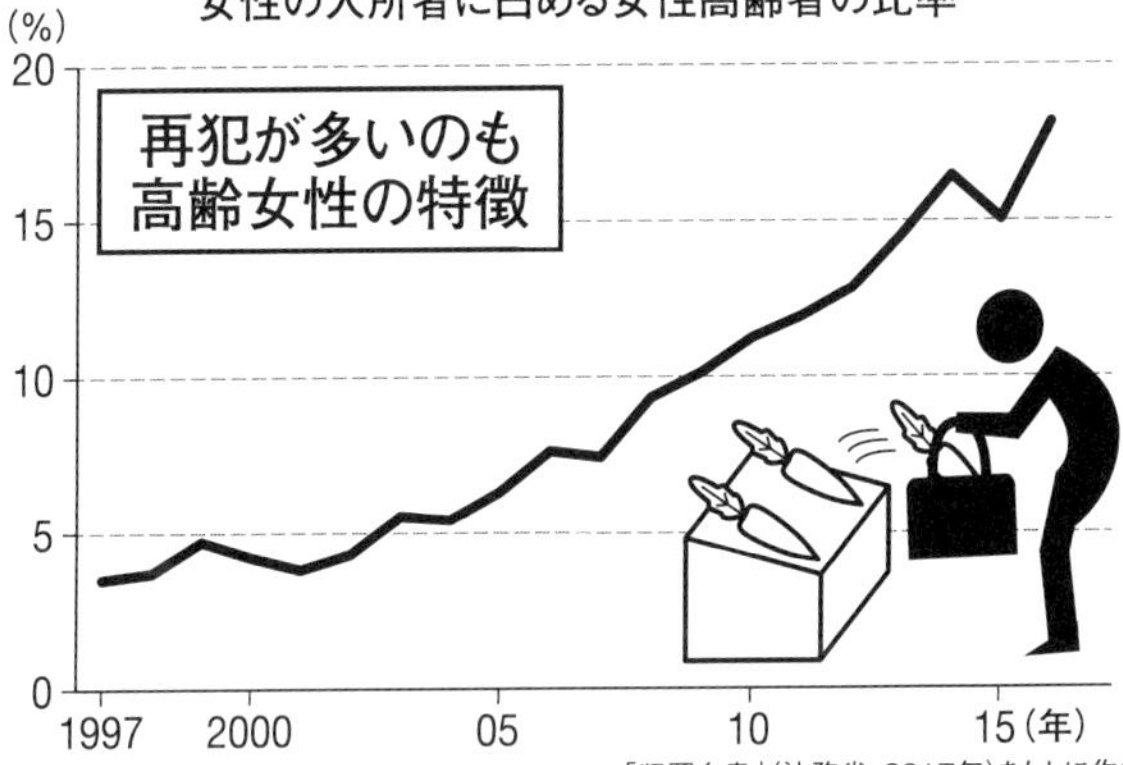

「犯罪白書」（法務省、2017年）をもとに作成

高齢受刑者が増えると……

月々数万円の年金では生活が成り立たず、働こうにも高齢者の就職は難しい。少子化で頼れる子供世代もなく、老後の蓄えが底をつけば、いよいよ暮らしようがなくなる。

「前科者」というレッテルを一度貼られるだけでも社会復帰は難しいのに、高齢であるが故にさらに孤立を深めていく。

刑務所を終の棲家にすべく、わざと罪を犯すわけではないだろうが、路上生活をするくらいならば、寝床と三食が保証された刑務所に戻ったほうがマシと考える高齢女性がいたとしても、何ら不思議ではない。もしそうならば、あなたの税金で成り立っている刑

務所が、「無料の介護施設」として使われているということだ。入所者が溢れて刑務所を増やさざるを得ないのなら、悪い冗談だ。

女性の場合、出産・子育てで就労できない期間もあり、非正規雇用で働く人の割合が高いなど賃金も低いため、低年金になりやすい。男性よりも長寿であることから、結婚しても連れ合いを亡くしてからの期間が長くなりがちで、持ち家や老後の資産形成がしっかりなされていないと貧困に陥りやすい。一方で、生涯未婚率も年々上昇してきており、今後さらに「貧困おばあちゃん」の増大が予想される。

前出の「高齢社会白書」によれば、

２０１５年の高齢の生活保護受給者は97万人で、前年の92万人より5万人増加した。65歳以上人口に占める生活保護受給者の割合は２・８６％で、全人口に占める受給者の割合（１・６７％）より高くなっている。

生活保護を受けている高齢者世帯の9割が独り暮らし世帯で、このうち女性が53％を占めるというデータもある。

女性刑務官は離職率約４割

問題はこれだけにとどまらない。高齢受刑者が増えれば、認知症や車いす利用者も当然出てくる。福祉介護施設のようになった刑務所内では、いまや歩行補助車（シルバーカー）を押しながら歩く受刑者は当たり前となり、刑務官や専門職のスタッフが日常的におむつ交換や入浴介助をするといった光景も珍しくなくなった。

法務省によると、２０１２年度までの3年間に採用された女性刑務官のうち、37・７％が3年未満で退職してしまったという。離職率が約4割というのは、男性刑務官の２・５倍に当たるが、その一因には、高齢化率が高い女性受刑者への対応の難しさもあるという。受刑者は増える一方、刑務官の成り手はなかなか確保できない実態がある。

さらに、認知症の受刑者の場合、部品の組み立てや縫製といった刑務作業が体をなさないというケースも多い。これでは何のための服役なのか分からない。

他方、刑務所では単純作業が多いため、軽度の認知症は見過ごされやすく、自立困難な人を対象に出所時に医療や福祉につなぐ特別調整制度から漏れてしまうことが多いという。同制度を利用して、医療機関や介護施設に入った出所者が刑務所に戻る割合は、利用しない人に比べて格段に低い。

法務省は2016年に全国の刑務所に入所した60歳以上の受刑者約9700人のうち、約1300人に認知症の傾向が見られるとの推計を発表している。

こうした状況を踏まえ、法務省は2018年度から全国の主要8刑務所に入所する60歳以上の受刑者全員に認知症検査を行うことを決めた。これまでは刑務作業に支障のないレベルの認知症受刑者の受診が遅れ、症状が悪化するケースもあった。検査によって早期に発見することで、認知機能の低下を防ぐ訓練につなげようというのだ。

さらに、刑期中の対応に反映させるほか、出所後に福祉施設などの受け入れ先を見つけて再犯防止にもつなげる。段階的に他の刑務所へと拡大していく考えだという。

「高齢化した高齢者」が増える時代とは、塀の向こう側においても〝これまでの常識〟が通用しなくなる時代である。

第2部　今からあなたにできること

序　「戦略的に縮む」ほど、ポジティブな考えはない

過去の成功体験はあまり意味がない

私は前著『未来の年表』において、人口減少社会を俯瞰し、少子化が止まらない以上、それを前提として社会を作り替えていかなければならないことを強く訴えた。また、国家としての衰退を避けるには「**戦略的に縮む**」ことが必要で、そうすることで日本社会は「豊かさ」を維持でき得ると論じた。

日本が豊かな国であり続けるには、働き手世代が減っても機能する社会へと改めてゆかざるを得ないとし、仮に働き手が１０００万人減っても、社会の効率化で１０００万人分の仕事量を減らせるならば、実質的に労働力不足は起こらないとの立場をとった。

むしろ人余りになるぐらいに総仕事量を減らして、余剰となる人材を日本の新たな成長分野へ回していかなければ、この国をさらに豊かにすることはできないと説いた（詳細は『未来の年表』をお読み頂きたい）。

少子高齢化はさまざまな形で、日本社会を歪めていく。国内市場は規模が小さくなるだ

けでなく、社会の年齢構成が極端に高齢者に偏るため、消費者の嗜好は変わり、消費量も少なくなる。昭和から平成にかけて日本ビジネスを成功に導いてきた「大量生産・大量販売」や「東京一極集中」というモデルは、努力したところで早晩行き詰まる。

過去の成功体験にいつまでもしがみつき、「大量生産・大量販売」というモデルを維持しようと無理を重ねている人々は少なくない。だが、それはあまり意味がない。

実際、いまだ多くの人が「戦略的に縮む」というキーワードをネガティブに捉えている。ある講演では、「演題から〝縮む〟という言葉を削除してください」と、主催者から要請されたこともあった。高度経済成長を実現させ、豊かになった社会を目にしてきた私と同年代以上の世代には、拡大して数字が伸びることが良いことで、「縮む」のは悪いことだという観念が根強いのだ。

しかし、「縮む」ということは、決して「衰退」や「負け」を意味するわけではない。要は、その〝やり方〟なのである。多少縮んだところで現状より豊かにもできるし、日本が世界からより尊敬される国になれるという、すぐれてポジティブな考えである。

東京一極集中の成功モデルも破綻

『未来の年表』では、戦略的に縮むには**拠点型国家**を目指すべきだとし、人口減少社会における有効な方策となるとも説いた。「大量生産・大量販売」の代わりに、付加価値の高い〝こだわりの一品〟を提供するビジネスモデルに転換させていくことも提言した。

人口問題が難しいのは、地域によって進み具合が大きく異なる点だ。以前、〝地方消滅〟が大きな話題となったが、少子高齢化は東京一極集中という成功モデルも破綻に向かわせる。

東京圏は地方から若い世代を吸い寄せることで成長を続け、日本経済の推進エンジンとなってきたが、ここにきて東京圏への日本人住民の流入にも陰りの兆候が見え始めた。吸い寄せるに十分な人数の若い世代が、いよいよ地方にいなくなってきたということの証左だろう。

今からできる8つの「メニュー」

日本はもう一つ大きな課題を抱えている。これから80代以上の、しかも独り暮らしが増えることだ。それが意味するのは、認知症とまでは診断されないが、加齢に伴って理解力や判断力、運動機能が衰える年齢層が激増することである。

自治体への書類提出に戸惑ったり、家の中では段差に躓いたり、瓶のフタが開けられなかったり……些細な日常生活に手間取る人が増える。こうした問題への解決策を考えていかなければならない。

社会保障費の伸びの抑制が避けられない現状において、こうした人々への支援すべてを公費で賄うことは現実的ではない。とはいえ、こうした年齢層の暮らしぶりに何も対策を講じないのでは、買い物や通院をはじめさまざまなシーンで混乱が広がるだろう。

こうした課題が山積する中であればこそ、戦略的に縮むことが重要になってくる。身の丈にあったコミュニティー社会を築いていくしかない。

とはいえ、国や地方自治体の重い腰が上がるのを待っていたのでは、人口減少や少子高齢化で日本の衰退は進んでしまう。

すでに人口減少の影響が、身近な生活にも表れ始めたと感じている人も少なくないだろう。そこでここからは、政府をそれほどあてにせず、まずは個々人や民間企業が「自らできること」、「今からできること」を8つほど、「メニュー」として提示することにしよう。

①働けるうちは働く

60歳で隠居は早すぎる

少子高齢社会の課題は多く、かつ複雑だ。「民間企業や個人ができることなどには限界があり、たかが知れている」と感じている人も少なくないのではないだろうか。

だが、「そんなことをしても、あまり意味がない」と考えるような、誰もが手軽に始められる取り組みにこそ大きな意味があるものだ。どんな些細なことでも、日本全体で一斉に取り組めば大きな流れとなる。そうした流れこそが政治を動かし、社会の作り替えを成し遂げる原動力となるのである。

個々人がすぐに始められる第1のメニューは、「**働けるうちは働く**」ということだ。

これは、個々人の老後の収入の安定を考えても、現実的な選択肢といえよう。「人生100年時代」と言われるようになり、長くなった老後の生活費を懸念する人は増えた。とはいえ、少子化の実情を考えれば、今後、年金受給額を増やすという政策が打たれることは考えがたい。

内閣府の「高齢社会白書」（2017年版）によれば、高齢者の1ヵ月あたりの平均収入

（年金を含む）は、「10万円〜20万円未満」（32・9％）が一番多く、「20万円〜30万円未満」（26・4％）が続く。独り暮らし世帯では「月収10万円未満」が男性37・4％、女性36・8％と4割近くを示している。

生命保険文化センターが老後に必要な生活資金について、総務省の「家計調査年報」（2016年）をもとに分析しているが、高齢夫婦世帯（夫65歳以上、妻60歳以上）の場合、1ヵ月の実収入（21万2835円）から社会保険料などを差し引いた可処分所得は18万2980円だ。これに対し、消費支出は23万7691円で5万4711円ほど不足している。同センターの「生活保障に関する調査」（2016年度）によれば、老後を夫婦2人でゆとりをもって暮らしていく上で必要と考える希望額は平均34万9000円である。

理想と現実との間には、月額16万6000円ほどの開きがあるということだ。この差を少しでも埋めようとするならば、働くのが一番確実な方法だろう。

収入面の課題も大事だが、60歳や65歳で隠居するのはいくらなんでも早すぎる。社会の支え手側に回り、リズムのある生活を続けたほうが健康管理面のうえでも良い。

こうしたことを言うと、「ここまで一生懸命働いてきたのに、死ぬまで働けというのか！」「60歳を超すと体力も落ちる。病気がちになっても働かなければならないのか！」といった極端な意見が必ず登場する。だが、それを強制しようという話ではない。60歳以降の人生の選択肢をできるだけ広げられるように、若いうちから自分の老後をしっかりと見据えたプランを描くことが大切なのである。

政府内にも動きが出てきた。国家公務員の定年を現行の60歳から段階的に65歳まで引き上げようというのだ。国家公務員の定年延長となれば、地方公務員や民間企業でも追随の流れが広がろう。官民を問わず、60代の働き方の選択肢を増やすことは時代の要請である。国家公務員の定年延長には、民間への普及に向けた起爆剤としての期待もかかる。

私は前著『未来の年表』で、74歳までを〝若者〟と位置づける「**高齢者の削減**」を提言したが、政府もようやく「高齢者の削減」に動き始めたということだろう。

とはいえ、本人がいくらやる気になろうが、政府が就労を促すために年金受給年齢の選択肢を広げようが、それだけで高齢者の就労が進むわけではない。最も重要なのは、雇う側の意識改革だ。企業経営者が理解を示して、高齢者が働きやすい取り組みを展開していかなければ、高齢者の雇用は広がっていかないだろう。

すでに高齢者の積極的な雇用に乗り出している企業もある。若手が足りないぶん、定年延長や再雇用で補う流れが強まるだろう。ただ、雇用後にも課題はある。多くの企業では60歳を超えたら賃金水準を下げる仕組みを取り入れているが、必要以上に下げたのでは勤労意欲は低下する。

業務内容においても、高齢者だからと言って能力に見合わない補助的な仕事に回されて、せっかく就労しても長続きしないケースは多い。反対に、体力的な衰えをあまり考慮に入れず、過酷な仕事に就いたり、ノルマを課されて精神的に追い詰められたりする人もいる。頭数を揃えるという発想で雇用延長を図ってもうまくはいかない。

業務内容の見直しを

働き手世代が激減する時代には、高齢者をいま以上に〝戦力〟として活かすことを考えなければならない。それには、職場ごとに現在の業務内容の再点検が必要となる。

20代、30代が担っている業務や作業の中には、昔からの慣習であまり考えられることもなく若い社員に押しつけているものも少なくないだろう。こうした中には、高齢者ができる仕事、さらに言えば、高齢者が行ったほうが効果的な仕事もあるはずだ。こうした仕事はどんどん高齢者に回していく。代わりに20代、30代の社員には若くなくてはできない仕事や、若い人がやったほうが成果の出やすい仕事に専念してもらうのである。

全世代の仕事を見直すことで労働生産性が向上し、少なくなった人数でも最大限の利益を引き出せるようにする。

若者の採用がはかどらず、世代交代がうまく機能しなくなればなるほど、年齢ではなく個々の能力や体力に応じて仕事を選べるようにすることが求められるのだ。

一方で、定年延長など高齢者の雇用が進めば、中堅・若手の昇進に影響が生じ、組織に閉塞感が広がりかねないといった指摘もある。過渡期において、新卒者の採用が抑制されるのではないかとの懸念もある。もちろん、こうした課題には配慮しなければならない。

だが、社会全体でとらえてみても、「働けるうちは働く」という選択肢は重要である。高齢者の就労が進まない限り、社会の支え手不足が大きく改善に向かうことはなく、それは結果として自分自身に降りかかってくる問題だからだ。

日本の高齢化率を見ると、2024年には約30%となり、約3人に1人が高齢者となる。2065年には38・4%だ。支え手が不足したのでは、社会そのものが機能しない。働き手の激減に対応できなければ、結局困るのはさまざまなサービスを受けられなくなる個々の国民である。

人手不足への対応策としては、外国人労働者やAI・ロボットが挙げられる。これらの選択肢も排除すべきではないが、どちらも過度に当て込むには不確定要素が大きい。

多くの国で少子高齢化が進んでいる以上、期待する人数の外国人がスムーズに来日するとは思えない。イノベーションも技術開発から実用化、普及と段階を踏まざるを得ない。この辺りは前著に詳しく書いたが、確実な方策はやはり日本人の働き手を増やすことだ。

【個人ができること　その2】

②1人で2つ以上の仕事をこなす

副業・兼業は法規制されているわけではない

今後は勤労世代が急速に減っていく。最近は60歳以降の雇用延長や65歳まで定年延長をする企業も増えたから、勤労世代の年齢を20～64歳として今後の推移を確認してみよう。「日本の将来推計人口」（社人研、2017年推計）によれば、20～64歳人口は2015年には7122万7000人を数えたが、2030年には6371万6000人、2045年には5167万人と、わずか30年間で2000万人近くも減る。安倍政権が「一億総活躍社会の実現」として打ち出した女性や高齢者の労働参加の促進が進んだとしても、多くの職場で人手の確保が困難になるだろう。日本が豊かさを維持し、社会を機能させていくためには、働き手の確保に知恵を絞らなければならない。

そこで、「**1人で2つ以上の仕事をする**」ことを第2のメニューとしたい。第1のメニュー「働けるうちは働く」と並び、選択肢となろう。

空いた時間をうまく利用し、いろいろな仕事をすることで、特定の業種が機能しなくなる事態を防ぐのである。

すでに働き口の少ない地方では、いくつもの仕事をしている人はいる。朝は幼稚園バスの運転手、その後は自治体から委託された仕事をこなし、夜は飲食店に勤めるといった具合だ。一つ一つの収入は少なくても、合算すれば年収５００万円を稼いでいる人もいる。高齢者しかいない集落で、自動車を運転できる高齢者が区の住民の代わりに食料品などを市街地まで買い出しにいく、というサービスを行っている人もいる。

最近は、副業・兼業を推進する企業も出始めたが、まだまだ容認する企業は少ない。本業がおろそかになることを懸念しているのが最大の理由である。

ただ、副業・兼業が直接的に法規制されているわけではない。厚生労働省が示しているモデル就業規則に、労働者の遵守事項として「許可なく他の会社等の業務に従事しないこと」との規定があるのだ。企業が運用している就業規則の多くはこれをベースに作成されており、結果的に副業・兼業に歯止めがかかっていたわけだ。

厚労省は２０１８年１月にガイドラインを作成し、このモデル就業規則を改定して、「許可なく他の会社等の業務に従事しないこと」という規定を削除し、副業・兼業についての規定を新設した。

とはいえ、厚労省の規定の見直しで、すべての課題が解決したわけではない。副業・兼業には、機密情報の漏洩へのリスクは残っている。本業と副業・兼業のダブルワークによる長時間労働で社員の健康を損ねるといった懸念があり、労使双方から「長時間労働の是正に逆行しかねない」といった声は根強い。本業の会社だけなら長時間労働を抑制できるが、本業・副業を合算すると把握は難しくなるからだ。

だが、副業や兼業は誰かに強要されるのではなく、あくまで個々人の意思で行うものだ。要は程度次第だ。体調不良になるまで働きすぎないよう、自己管理が求められる。

知識やスキルが本業につながる

一方で、勤労世代が大きく減っていく状況下で、新卒から定年まで生涯1社で働くという終身雇用を続けることは難しい。

副業・兼業を認めれば、転職のきっかけになると考える企業経営者も少なくないようだが、自社内の研修をもって社員を育成していける企業は減った。むしろ、1つの会社に閉じ込めようとすれば、意欲ある人ほど離職を選択する方向に動くだろう。

そもそも、人手不足による採用難が深刻化する中で、優秀な社員の流出を防ごうとするならば、複数のキャリアを認めるしかない。社員の副業・兼業は自社の多様な知識やスキルを獲得する手段として位置づけ、その能力を活用したほうがよい。その知識やスキルは、本業にも生かせる。

人生100年と言われる時代となり、個々人が老後も働き続けようと思えば、複数のキャリアを持つ必要性が大きくなってきた。複数の仕事を掛け持ちすることは第二の人生の準備にもつながる。1つの会社で勤め上げる人は、一般的に自身のスキルを意識せず、定年間近になって慌てることが多い。

急速な労働力不足の解消には、働き方も複合型にしていくしかない。副業・兼業といった収入を伴う仕事だけでなく、ボランティア活動だってよい。国民個々が、身近なところでほんの少し働く機会を増やしていくことが、勤労世代の激減カーブを和らげ、巡り巡っては様々な社会サービスの提供を少しでも持続させることとなる。

【個人ができること　その3】

③家の中をコンパクト化する

使う部屋と使わない部屋を分ける

先に、「そんなことをしても、あまり意味がない」と考えることにこそ大きな意味があると述べたが、第3のメニューはまさに、そうした対策と言えよう。「**家の中をコンパクト化する**」ことである（**家庭内コンパクト化構想**）。

政府が推進するコンパクトな街づくりと同じく、自宅で使用する部屋を集約するのだ。

社人研の推計では、2040年の高齢者は女性が4人に1人、男性も5人に1人が独り暮らしとなることはすでに述べた。子供たちが成人して独立する前の広い自宅にポツンと暮らすという風景は、すでに珍しいものではなくなった。

高齢者が独りで大きな家に暮らすとなると何かと不便だ。物忘れが激しくなり、役所から届いた大切な書類や玄関の鍵などをどこにしまったか忘れようものなら大騒動となる。家中を探し回り、挙げ句の果てには遠方に住む息子や娘も参加しての〝探し物競争〟のような状況に発展する。

第1部1－1でも取り上げたが、広い家に独りで住むとなると、「すべての部屋を暖房するのも不経済だから」と暖房する部屋を限定しがちだ。すると隣の部屋との寒暖差が大きくなり、結果として「ヒートショック」のリスクも高まる。

そこで、家の中で「使う部屋」と「使わない部屋」とを明確に分けてみよう。「使う部屋」には、日常生活に必要なものをすべて揃えておく。こうすれば、物忘れでモノが見当たらなくなっても、探す場所を限定できるので見つけやすい。

廊下からお風呂場に至るまでを「使う部屋」と決めてしまえば、それらに冷暖房を集中的に備え付けて、寒暖差を小さくし「ヒートショック」のリスクを下げることは可能だ。

小さな取り組みだが、若い親族が〝探し物競争〟に加わっている時間を削減するだけで、経済的なロスをかなり減らせるだろう。やや大袈裟に言うならGDPにも影響する。

このメニューで伝えたい真意は、日常生活におけるどんな小さな工夫であっても、働き手世代が減っていく時代においては意味があるということだ。数少なくなる働き手世代に、なるべく手間をかけさせない、彼らの貴重な時間をなるべく奪わないということだ。

働き手世代が少なくなる時代には、個々の働き手が自分の仕事になるべく集中できる環境を、社会全体で作っていかなければならない。

④ライフプランを描く

「若いうちにしておけば……」

第4のメニューは、若い頃から「**ライフプランを描く**」ことだ。人生100年時代となって、長い老後が待ち受けている。第2のメニューに通じるところがあるが、長い老後の時間をいかに豊かに過ごせるようにするかを考えておくことは重要だ。

だが、ライフプランは単に老後の時間を充実させるためだけに必要とされているわけではない。一人ひとりの人生の選択が思わぬ形で、われわれにのしかかってくる。その備えとして描き始めたほうがよい。男性より寿命が長い女性には、とりわけおすすめだ。

少子化を加速させている大きな要因に晩婚・晩産がある。内閣府の「少子化社会対策白書」によれば、2015年の平均初婚年齢は夫が31・1歳、妻が29・4歳だ。1975年は27・0歳と24・7歳だから、40年間で夫は4・1歳、妻は4・7歳も遅くなっている。

結婚が遅くなれば、第1子をもうける年齢も高くなる。1975年の第1子出生時の母親の平均年齢は25・7歳だが、2015年は30・7歳である。同年の第2子出産時の母親の平均年齢は32・5歳、第3子となると33・5歳だ。

30代後半以降に初めての子供を産んだのでは、なかなか「2人目を」とはならない。厚生労働省の人口動態統計月報年計（概数）が2016年の母親の年齢層別出生数を紹介しているが、第2子の出産が最も多いのは30〜34歳で、14万2034人が産んでいる。これに対し、35〜39歳は9万1490人、40〜44歳は2万476人にとどまっている。

晩婚・晩産が少子化を招く大きな理由は、出生力が低下することだ。医学的には男女とも年齢が上がるとリスクが大きくなる。女性が自然に妊娠する力は30歳頃から低下し、35歳前後からは流産の確率が高くなり、母子に与える影響も生じやすくなるとされる。

もちろん、自らの意思で出産を遅らせている人の選択は尊重されるべきなのだが、現実には知識不足がゆえに〝予期せぬ不妊〟となる人もいる。「若いうちに結婚、出産をしておけばよかった」と後悔する人たちが少なくないのだ。

ちなみに2016年は40歳以上の母親から産まれた第1子は2万1152人であった。40歳以上で初産となると、肉体的な問題もさることながら、子供が成人するまでに親が定年退職を迎えるケースが出てくる。

40代でなくとも、末子が成人になったときの自分たちの年齢を考え、2人目、3人目をもうけるどころか、子供を持つこと自体をためらう夫婦も珍しくはない。

「若いうちに……」と後悔しないためにも、ライフプランを描いたほうがよい。

ダブルケアというリスク

晩婚・晩産は、夫婦を思わぬ問題に巻き込んでいく可能性もある。

30代後半から40代で出産となると、50代になっても〝子育てまっただ中〟という人が増えよう。ところが、50代といえば自分の親の介護が重くのしかかってくる頃だ。育児が一段落する前に、年老いた親が要介護状態となり、育児と介護を同時に行わざるを得ない〝ダブルケア〟になるリスクが高くなる。こうした状態に陥っている夫婦が増えている。

内閣府が2016年に、政府としては初の推計をまとめたが、ダブルケアをしている男性は8万5400人、女性は16万7500人の計25万2900人に上る。年齢別では40代前半が27・1％と最も多かったが、30代後半が25・8％、30代前半も16・4％で続いており、約80％が働き盛りの30〜40代であった。

さらなる問題がある。親の晩婚・晩産が世代を超えて子供に影響を及ぼし得るのだ。50歳と40歳の両親から生まれた子供が20代後半で結婚したとしよう。その子供は自分が晩婚でなくとも、結婚時に両親が高齢化しているために、ダブルケアに直面する可能性が大きい。これは、夫が晩婚で妻との年齢が大きく離れた「年の差婚」でも起こり得る。

「育児と介護」という組み合わせだけではない。ひとりっ子同士の結婚が珍しくなくなった今、夫と妻の親が同時に要介護となる「ダブルケア」もある。両親が同時に要介護状態になり、介護する側も60代といったケースも見られる。

ダブルケアは経済的にも、肉体的にも厳しい環境に追い込む。悩みは深刻なのに、少子化で、身近に相談できる親族がおらず、精神的に追い詰められる人も少なくない。

総務省の「就業構造基本調査」（２０１２年）によれば、50代女性の有業率は50〜54歳が73・２％、55〜59歳は65・０％である。半数はパートやアルバイトだが、「地域包括ケアシステム」が普及しても、家族が介護に拘束される時間が極端に短くなることはないだろう。

とりわけ、中重度の要介護者を抱えての仕事はどう考えても厳しい。政府は労働力不足対策の一つとして、女性の活躍を推進しようとしているが、その成果が上がるほど、在宅介護の担い手不足が深刻化することになる。

晩婚・晩産の誤算はダブルケアだけではない。夫の定年退職後も、子供が大学などに在学するケースでは、かなり早くから収入面の計画を立てておかないと、学費の支払いと生活資金確保の両立は難しい。

晩婚・晩産といえば「少子化の要因」としてクローズアップされることが多いが、このように「超・高齢者大国」とも密接に関わっている問題である。人生に思わぬ悩みが舞い込まないよう、若い頃からしっかりライフプランを描くことだ。

【女性ができること　その2】

⑤年金受給開始年齢を繰り下げ、起業する

受給額は4割増える

女性が今からできることをもう少し考えてみよう。

長い老後を考えたとき、まずやるべきは老後生活のベースとなる公的年金の受給額を少しでも増やすことだ。公的年金は受給開始後、生きている限り受け取れるし、長い年月の間の物価上昇にも対応している（民間の個人年金や企業年金は必ずしもそうではない）。

まず選択として考えたいのが、**「年金の受給開始年齢の繰り下げ」**だ。これを第5のメニューとして掲げたい。むろん、受給開始年齢の繰り下げは男性にとっても大きな選択肢となるが、女性のほうが寿命が長いぶん、メリットは大きいと言える。

年金額を少しでも増やしておきたい理由は、寿命の長さが「独り暮らしになる可能性」の大きさと抱き合わせになっているからだ。

夫のほうが年上という夫婦は多いだろう。男女の平均寿命の差も考え合わせれば、連れ合いを亡くしてから独りで暮らす時間はかなりの長さとなる。さらに考えなければならないのが、子供に先立たれる女性が増えてくる点だ。

仮に１００歳近くまで生きたとすれば、子供も60～70代となる。がんなどの病気にかかり、母親より先に亡くなることだって十分にあり得る。子供に頼ったり、子供に最期を看取ってもらったりという、これまで当たり前だと思ってきたことが、「高齢化した高齢者」が増える時代には〝叶わぬ願い〟になりかねないということである。

「高齢化した高齢者」となって、身内が１人もいないとなれば、頼れるのは年金だけとなろう。公的年金の受給には、受給開始年齢を早める「繰り上げ」と遅らせる「繰り下げ」があり、受給年齢を早めれば１回ごとの受給額は減り、遅らせれば受給額は増える。

具体的に説明すると、現行では公的年金の受給開始年齢は原則65歳である。だが、本人の希望で60～70歳の間で選択できる。受け取り開始時期を１ヵ月遅らせるごとに、受給額は０・７％ずつ増え、最も遅い70歳からもらい始めれば、受給額を42％も増やすことができる。

70歳の受給開始から12年弱で、原則として、65歳から受給を開始した場合と年金総額は等しくなるという試算もある。これに従うならば、70歳まで受給を遅らせて81歳以上生きればより多くの年金をもらえることになる。

年金を損得のみで考えるべきではないが、女性は、かなりの人が１００歳近くまで生きるとみられているのだから、得をする人は多そうだ。

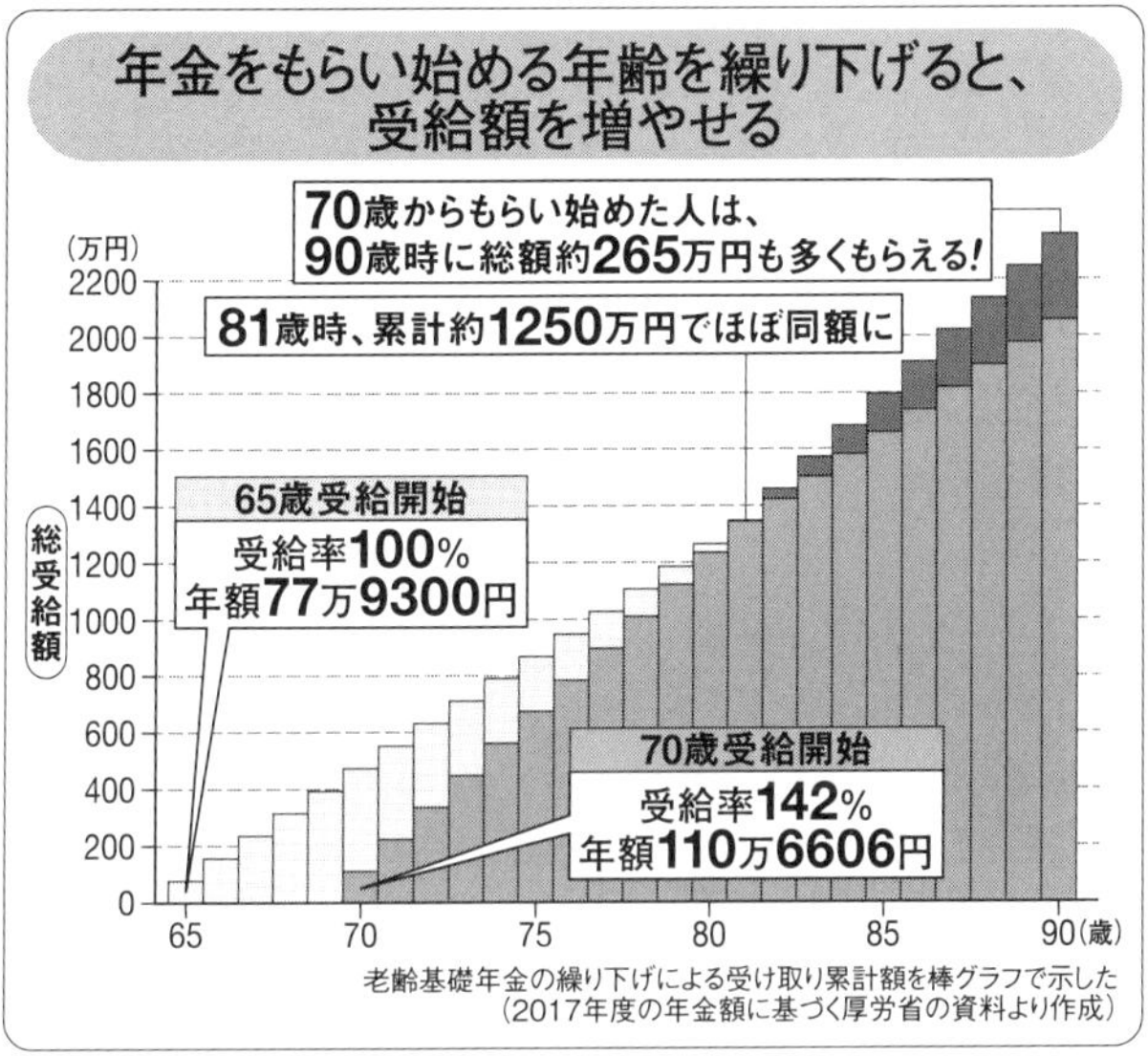

現在、「在職老齢年金」と呼ばれる、仕事に就いている高齢者の年金を減らす仕組みが残っている。高齢者の就業拡大が求められている時代に、何とも〝時代遅れな制度〟であり、政府には一刻も早い廃止を求めたいところだ。だが、仮に在職老齢年金がしばらく続いても、「だから働かない」という人は現実的には少ない。

公的年金額を少しでも増やしておくために、もう1つ確認しておきたいのが、基礎年金（国民年金）の未納期間だ。現在は学生時代を含む20～60歳までが強制的な加入期間だが、学生時代が任意加入だった時代があり、この間を支払っていない人は少なくない。

そうした期間が仮に2年間あったとすれば、40年間の保険料を満額納めた人に比べて、年額3万9000円ほど年金受給額が少なくなる。90歳まで生きるとすれば、受取総額で97万5000円も少なくなる計算だ。

ただ、支払わなかった保険料については、救済措置がある。60歳以降の任意加入によって穴埋めすることが許されている。2年分の保険料39万5760円（月額1万6490円×24ヵ月分）を納めればよい。

あなたは想定以上に長生きする

「人生100年時代」を生きていくには、少しでも健康な時間を延ばしたい。平均寿命と健康寿命との差を縮めることだ。厚労省によれば、健康寿命は2016年時点で女性74・79歳、男性は72・14歳であり、平均寿命とは相変わらず大きな差がある。もし今後、健康に留意する人が増えれば、この差は縮まるだろう。

ところが、公益財団法人ダイヤ高齢社会研究財団が2017年7月に発表した40〜50代の正社員を対象とした調査によれば、自分が何歳まで生きると考えているかを示す「想定寿命」は女性78・8歳、男性77・7歳であった。

要するに、多くの人は自分の人生をかなり短めに見積もっているのである。簡易生命表

（厚労省）によれば、50歳女性の平均余命は38・21年であり、想定寿命とは9・41歳もの開きがある。男性に比べて寿命が長い女性の場合、自分が想定する以上に長い老後を念頭に置いて準備せざるを得ない。それは健康づくりもさることながら、老後の生活資金をどう確保していくのかという問題でもあるということだ。

一方、最近は結婚しない女性が増えてきている。今後は未婚が珍しくなくなった世代が高齢期に入ることで、高齢者の未婚率は急増していく。「日本の世帯数の将来推計（全国推計）」（社人研）によれば、65歳以上の未婚率は2015年には男性5・9％、女性4・5％だったが、2040年には男性14・9％、女性9・9％まで大幅アップする。75歳以上の未婚率も2015年の2・6％、3・9％から2040年には10・2％、6・5％へとそれぞれ上昇する。

先にも述べたが、夫のほうが先に亡くなるケースが多い今後は、独り暮らしの女性高齢者の収入確保が大きな社会テーマとなるだろう。

長き老後の生活費を、どうやり繰りするか。よほどの資産家は別にして、多くの人の老後の生活資金の主柱といえばやはり公的年金であろう。女性は男性に比べて賃金が抑え込まれたり、途中で寿退社したりする人が多かったため、退職金や年金受給額も低い傾向にある。賃金構造基本統計調査（厚労省、2017年）によれば、女性の賃金は男性の73・4％。この男女格差を引きずったまま、高齢期に入る女性は多い。男性よりも老後が長いことを考えれば、少しでも受給額を増やしたいところだ。

繰り下げに関しては、政府も環境づくりに向けた取り組みをはじめようとしている。

2018年2月に高齢者向け政策の中長期的な指針である「高齢社会対策大綱」を見直したが、その中で「65歳以上を一律に『高齢者』と見る一般的な傾向は、現実的なものではなくなりつつある」とした。その柱として掲げたのが、公的年金の受給開始時期の選択肢を70歳超にまで拡大することだ。より柔軟な選択ができるようにしようというのである。増額率が現行ルールのままでも、仮に75歳まで「繰り下げ」すれば年金額は84％増える。大綱は70歳を超えて受給開始する場合には、現行よりも加算割合を上積みする考えも示しているので、新制度となればさらに加算される。

ただし、男女を問わず、年金受給開始年齢を繰り下げようと思えば、その間収入の算段をしなければならない。これは第1のメニュー「働けるうちは働く」とセットとなろう。

とはいえ、第1部5－1でも取り上げたように、「定年女子」の再就職は難しい現実もある。

定年後の好条件ポストを確保するには、「オールド・ボーイズ・ネットワーク」を崩さざるを得ないが、長い時間をかけて築き上げてきたアンダーグラウンド組織の強固な結びつきを断ち切るのは難しい。ならば、メンバーに加わるのも手だ。

ただ、メンバーに加わろうといっても、ハードルが低いわけではない。そこで対抗策として考えたいのが、性別を超えたディスカッションの場を設けるよう会社側に働きかけることだ。就業時間内になるべく多くの接点をつくっていくことで、「オールド・ボーイズ・ネットワーク」に風穴を開けられれば、今よりキャリアアップしやすくなり、定年後の選択肢も広げやすくなる。

女性の約8割が個人事業主

それでも、高齢になって自分らしく働ける仕事はなかなか見つからないものだ。そこでさらなる選択となるのが「**起業**」だ。起業ならば、「第2の定年」を心配しなくてよい。

男性に比べて勤務先からの情報が少ないという状況を見越してか、定年前に60歳以降も働ける会社に転職したり、起業に踏み切ったりする女性は増加傾向にある。

もちろん、そのすべてが安定的な収入に結びつくとは限らない。勝算があって踏み切る人ばかりでもないだろう。退職金をつぎ込んだ挙げ句、事業に失敗したとなったら目も当てられないと尻込みしたくなる人も多いだろう。

こうしたリスクをできるだけ減らすためには、定年間際になって慌てて準備をするのではなく、老後の長さを考え、むしろ若い頃から将来的な起業をイメージし、人脈づくりやスキルアップを計画的に進めるぐらいの積極的な発想がほしい。起業を念頭に置いて資格取得やスクールに通うのもチャンスを拡大する。

内閣府男女共同参画局の「女性起業家を取り巻く現状について」（２０１６年）によれば、女性の起業が最も多い年齢層は35〜39歳の12・1％である。次いで30〜34歳の10・4％だ。一方で55〜59歳以降も上昇カーブを描き、65歳以上も9・9％と3番目に高い水準となっている。

起業を志した理由のトップでは「性別に関係なく働くことができるから」が80・8％と最も高く、「趣味や特技を活かすため」（66・7％）、「家事や子育て、介護をしながら柔軟な働き方ができるため」（54・4％）などが男性に比べて大きくなっている。

子育てや介護に一段落ついたタイミングで、いま一度、「自分らしさ」を見つめ直し、「仕事と家庭の両立」を求めて起業に踏み切っている人が、すでに相当数に上っているということである。

女性の場合、78・6％が個人事業主である。起業にかけた費用や自己資金をみても、50万円以下が25・2％とトップで、比較的低額で開業する傾向にある。経営者の個人保証や個人財産を担保とはしていないとした人も73・6％を占め、手元資金の範囲で堅実に始めるという人が多い。肩肘張らずに考えれば、案外、始めやすい。

女性は男性に比べて子育てや介護といった生活ニーズに根ざした「生活関連サービス、娯楽」（18・8％）、趣味や前職で身につけた特技を生かした「教育、学習支援」分野での起業が多いのも特徴の一つだが、今後、勤労世代が減っていく中で、生活関連サービスのニーズは大きくなる。こうした分野で小回りのきくサービスを展開する企業が増えることは、社会全体にとってもプラス効果が期待できる。

大きなリスクを背負わない人が多い分、女性起業者の起業後の手取り収入は少なく、月額「10万円以下」が26・7％、「10～20万円以下」が22・5％と、半数近くは20万円以下にとどまる。だが、これでも長い老後を踏まえて、「老後資金の蓄え」、「年金の足し」として考えれば大きい。

いずれにせよ、現役時代から準備を進めなければできないことが多い。少子高齢社会の老後は、計画的でありたい。

⑥全国転勤をなくす

単身赴任が少子化を加速させる

個人（女性）レベルでできることの次は、企業ができることにうつろう。第6のメニューは「**全国転勤の廃止**」だ。

おじ・おばといった親族が少なくなり、近くに手助けしてくれる人もいないという環境で子育てをする人が増えた。いまや夫の家事参加なくして子育ては成り立たず、子育て中の世帯に対しては長時間勤務を制限したり、早く帰宅できる環境を整えたりする配慮が求められる。

こうしたギリギリの状況で「仕事と子育て」を両立させている夫婦にとって、予期せぬ転勤命令は子育ての大きなハードルとなる。

待機児童問題はなかなか解消されないが、ようやく保育所を見つけられたときに、夫婦のどちらかに転勤命令が出ようものなら、一から探し直しとなりかねない。

そもそも、日本ほど転勤をする国はないとされる。子供の有無にかかわらず、転勤制度自体が共働き時代に合わなくなってきてもいる。夫についていけば妻のキャリアが阻害され、単身赴任となれば子育て参加ができない。しかも、夫が単身赴任になると少子化は加速する。

事実、厚労省の「21世紀成年者縦断調査」（2012年）によれば、夫の休日の家事・育児時間が長いほど、第2子以降の出生割合は増えている。2時間未満の場合は31・0％だが、6時間以上では76・5％となっているのだ。

子育て世代だけではない。親の介護をしている人やダブルケアを余儀なくされている人も増えているが、家族が分担し合って何とか切り盛りをしている。夫婦のどちらかが転勤でいなくなるのでは、残されたほうは介護離職となりかねない。

少子高齢社会とは、勤労世代が激減し、ほとんどの人が何らかの役回りをこなさなければならない社会である。人手が足りなくなるのは職場だけではない。地域社会でも、家庭内でも支え手が足りなくなる社会だ。企業経営者には、発想の変革が求められる。

子育て中は職住近接に

「いきなり全社員の全国転勤を廃止できない！」という声もあるだろう。ただちに廃止できないのであれば、段階的に広げていってはどうか。

まず廃止対象とすべきは、小学校入学前の未就学児のいる世帯と、要介護者や80代以上の親と同居している世帯だ。

廃止と同時に、勤務地を選べる制度も導入すればよい。実家からの手助けを期待して、夫か妻の出身地を勤務地に選ぶ人も出てくるかもしれない。

転勤と並ぶ子育て世帯の悩みに「通勤地獄」がある。都市部で、若く収入の低い層が子育てに十分な広さの住宅を求めようとすると、多くの場合、職場から離れた場所で物件を探さざるを得ない。

これでは通勤と育児の両立は困難だ。仮に、職場に保育施設がある会社に勤務していても、小さな子供を連れて満員電車で通勤するのは現実的ではない。

そこで、20代の母親や子供が3人以上いる母親に限り、子供が小さいうちだけでも職場に近いところに住居を構えられるように、税金で家賃を補助する政策を期待したいところだが、政府や自治体の対応を待つまでもなく、企業でも独自の制度を設ければよい。

要介護度の重い人がいる世帯の場合、職場の近くだけでなく、現在住んでいるエリアの中で駅や医療機関に近いところに住み替えをする費用の一部を負担してもよい。

【企業ができること　その2】

⑦テレワークを拡大する

通勤時間がもったいないから

全国転勤をなくすのと同時に、企業にもう一つ期待したいのは、「**テレワークの利用・拡大**」だ。通信業界の技術革新は日進月歩だから、在宅勤務など、場所や時間にとらわれない柔軟な働き方をすすめたい。これを第7のメニューとしよう。

テレワークとは、ICT（情報通信技術）を活用することにより、時間と場所を有効に使える柔軟な働き方のことだ。雇用関係の有無により「雇用型テレワーク」「自営型テレワーク」に大別される。雇用型テレワークはさらに、自宅で勤務する「在宅勤務」、会社のサテライトオフィス等で勤務する「施設利用型」、施設に限らず、いつでもどこでも仕事が可能な「モバイルワーク」に分類される。

日本においては、社員が同じ職場に出勤し、顔を合わせて働く働き方が中心となっている。テレワークとなれば、子育てや介護、家事など、社員は自分自身で一日のスケジュールを立てやすくなる。妊娠・出産に伴う不本意な退職や介護離職などを減らせる。

総務省の「情報通信白書」（2017年版）によれば、2016年9月末時点でテレワークを導入している企業は全体の13・3％だ。

同白書によれば、テレワークへの取り組みは規模の大きい企業ほど進んでいる。テレワークを「導入している」企業は、従業員数101〜300人のところでは6・3％、「導入を検討している」は1・6％だった。301人以上の企業となると、導入済みが20・4％、検討中も7・5％に上った。「導入の検討はしていないが、関心がある」（16・5％）を加えれば、約4割がテレワークを肯定的に受け止めている。従業員数300人以下の企業であっても、テレワークの導入可能な企業は21・4％を占めている。

テレワークは、子育てや要介護者を抱えた社員に限らず、普及させたい。

日本企業の場合、いまだ全員が顔を合わせて仕事することが大前提となっていることが多い。人々が集まって働いたり、物事を決めたりするという仕事の進め方は、さまざまなアイデアを生むという相乗効果が期待できるし、それ自体を否定するつもりはないが、責任の所在が不明確になっていることも多い。

顔を合わせれば、臨機応変に業務に対応できるという利点もあるが、同時に在宅勤務推進の妨げになっていることも事実だ。個人の職責や成果を明確にした業務プロセスを確立しさえすれば、勤務時間の柔軟運用や在宅勤務も図りやすくなる。こうした業務の在り方の大改革は経営者が英断を下さなければ前進はしない。

通勤は機会損失

働き方改革に伴って、職場で過ごす時間が短くなってきたと実感する人も多いだろうが、すし詰めの電車に揺られたのでは、改革効果は大きく損なわれよう。そもそも、勤労世代が激減してしまう時代において、往復の通勤電車の中に大切な人材を長い時間拘束してしまうのはあまりにもったいないし、そうした余裕もなくなるだろう。

内閣府の報告書「地域の経済2017」が「通勤による年間の損失」を、都道府県別にはじき出しているが、東京都（66万2000円）、次いで神奈川県（65万6000円）、千葉県（50万円）と東京圏が上位に並ぶ。これと機会費用が少ない5県（鳥取県、山形県、島根県、青森県、宮崎県）の平均額34万1000円とを比較し、さらに住宅コスト（他地域との家賃の差額）が毎年36～52万円程かかることを加味して試算しているが、東京都や神奈川県の勤労者は合計で101万～117万円の通勤コスト（社会的損失）をかけながら働いていることになるのだという。

これは、あくまで理論的なコストだが、通勤がどれだけの経済的負担となっているのかを示すには十分なデータといえるだろう。通勤がなければその時間を仕事に費やし、利益を上げられる。つまり、通勤は機会損失ということになる。勤労者は消費者やボランティア、地域活動の担い手の顔も持っていることを考えれば、さらに経済に影響を与えよう。日本人の通勤時間は世界でも突出して長いと言われる。通勤時間が生活全般を圧迫していることも考え合わせれば、生産性をマイナスに作用させていることは間違いない。

内閣府も試算を踏まえて通勤コストを社会的損失と位置づけ、「働き方や働く場所の多様化が課題だ」と提言。企業や政府機関が職場を地方に移すことで職住近接を進めるほかに、職場以外で働くテレワークの活用によって通勤コストを抑制するよう求めている。

日本の通勤時間が長くなった背景には、戦後の住宅政策が深く関連している。経済発展期には、安い住宅を職場近くに整備する社会的余裕がなく、地価の安い郊外で住宅開発を進めた。経済の成熟期においても、オフィス街と住宅街を分けて考える都市計画は続き、郊外へと宅地開発が広がっていったのである。

これを逆に考えるならば、通勤時間を削減し、生産性を向上させるには、職場近くに良質な住宅を安価に提供していくこともポイントとなる。かつては社宅を持つ企業も少なくなかったが、自前ではなく複数の企業が共同で持つことも考えればよい。多様な産業、職種の社員が同じマンションに集まり住み、交流を深める機会を持てれば、新たな商品開発のヒントも得られるだろう。結果として、経済全体の生産性も大きく改善するはずだ。

経常利益が増える

話をテレワークに戻そう。テレワークによって、大都市郊外のサテライトオフィスや地方に住む人が増えれば地方創生にもつながる。働き手世代が自宅や地域にいる時間が長くなれば、家庭内や地域内のちょっとした課題に対応しやすくなる。東京など都心部のマンションの価格が再び高騰し、勤め人では手が届きづらくなってきた。それでも無理して購入しようとすれば狭い物件とならざるをえない。

「狭い家では子供を2人以上持てない」というカップルも多い。郊外ならば多少は広い住宅を手頃な価格で入手できる。テレワークは子供のすぐ側で働けるというだけでなく、子育てしやすい環境を手に入れられる。そうした意味において少子化対策にもつながる。

もちろんテレワークに向かない職種もあるから、できるものだけで構わない。各企業は本当に集まらなければならない仕事を洗い出し、テレワークで済ませられるものは済ませてみてはいかがだろう。

子育て中の若い社員や、要介護者を支えながら働く社員の負担を減らすというだけで企業イメージも向上しよう。結果として優秀な人材を集めやすくなるかもしれない。

一方、テレワークで働く社員を増やすことで通勤時間を無くしたり減らしたりすることは、労働者側のみならず企業側にとってもメリットが大きい。

「情報通信白書」は、テレワークを導入している企業と、導入していない企業の業績（売上高、経常利益）について直近3年間の比較を行っているが、経常利益が増加傾向にあった企業は「導入企業」が36・7％で、「未導入企業」の22・3％を上回った。売上高が増加傾向にあった企業もそれぞれ27・8％、24・5％であった。売上高よりも経常利益においてて効果がより顕著であったというのは、テレワークの導入によって労働生産性が向上し、効率的な企業活動を可能にしたことをうかがわせる。

単に政府の補助金や政策の後押しを待つのではなく、企業のアイデアと発想の切り替えでも〝少子高齢社会の居心地〟は大きく変わる。

フリーアドレス制オフィス

企業にできることとして、さらに提案したいのが、ダイバーシティー（人材の多様化）だ。少子高齢化に伴い勤労世代は激減していく。人材を確保するには、女性や高齢者をはじめ、自社で働く多彩な人材の能力を引き出していくことが不可避である。

とりわけ男性中心の企業文化を築いてきた企業では、女性や高齢社員とのコミュニケーションを進め、その知恵を共有することが企業の成長にとって極めて重要だといえよう。

また、取引先企業や顧客も年配者が増えていくし、外国人労働者と一緒に仕事をする機会も増えていく。否応なしに、自分とは異なる文化背景や時代背景において育ってきた人々との交流が増えていくということだ。

性別や国籍、世代を超えた社員研修や、海外留学やリカレント教育として大学などでの学び直しの機会を増やすことが大事である。学ぶ意欲のある社員の能力を伸ばしていくためにも、金銭的支援や「学ぶ時間」の確保に配慮する姿勢が企業には求められる。

こうした研修と並んで進めたいのが、職場において強制的に職種や年次の違う社員同士を交流させる仕掛けの促進だ。例えば、「**フリーアドレス制オフィス**」の導入である。

フリーアドレス制とは、出社した際にオフィスの席をパソコンにてランダムに決定する仕組みである。これならば性別を超え、異なる世代の社員と隣り合わせとなる。定年間際の人の悩みを若い社員が知ることにもなる。子育て中の女性社員同士の会話の内容が年配男性社員の耳に入ることにもなるだろう。これによって、何度か取り上げてきた「オールド・ボーイズ・ネットワーク」に風穴が開くことになれば、女性のキャリアアップにもつながり、定年後の再就職の問題も改善の方向へと向かう。

「異なる属性の相手を思う気持ち」は、取引先との対応に活かされるし、新たな商品開発やマーケット開拓に結びつくかもしれない。とりわけ、高齢者向けマーケットが拡大することを考えれば、高齢者のものの考え方や価値観、しぐさを知ることの意義は大きい。

⑧商店街は時おり開く

2050年代、5人に1人が80歳以上に

最後に、地域レベルでできることにも触れておきたい。

厚労省の人口動態統計によれば、2017年の人口減少幅は40万3000人であった。人口40万人といえば、県庁所在地の岐阜市や宮崎市とほぼ同規模である。

「日本の将来推計人口」（社人研、2017年）によれば、人口減少幅は今後も拡大の一途で、2050年代になると、毎年90万人規模で減る。国内マーケットはみるみる縮小していき、国内マーケット向けに販売している業種は、深刻な需要不足に襲われるだろう。

総人口が減る影響だけでも大変なのに、2050年代終盤になると、総人口に占める80歳以上の割合は20％近くに及び、0歳児を含めた5人に1人が「高齢化した高齢者」となる。

人間誰しも、年を重ねるとともに食べる量が減ってくるものだ。嗜好も大きく変わってくる。「高齢化した高齢者」が増えるのだから、売れ筋商品も大きく変わり、1人当たりの購買量も減ることだろう。しかもその総数が減る。

とりわけ、日用品などを扱う小売業の場合は、買い物客の大半が周辺住民という場合が少なくない。地域人口の減少は経営に直結することとなる。

「高齢化した高齢者」の場合、どうしても運動能力や理解力が衰えるので、買い物に出るのもひと苦労という人が少なくない。必然的に買い物から足が遠のくこととなる。

このように、小売店をめぐる環境は厳しさが増している。経営的に持ちこたえることができずシャッターを下ろす店舗が増えてくれば、商店街そのものが維持できなくなる。商店街の衰退は街全体の活気を削ぎ、地域全体が衰退するという負のスパイラルを招く。

他方、自家用車を運転することができない高齢者が増える社会において、商店街は必要だ。ネット通販に依存しようにも、少子化で若い人が減るために、ネットで注文した商品を運ぶ人の確保が難しく、解決の切り札とならないことは先述した。

商店街を何とか維持するためにはどうすればよいものか——。

創作活動の場所にも

私は「**商店街は時おり開くこと**」を提言したい（**週末だけ商店街構想**）。これを第8のメニューとしよう。

買い物客の絶対数が減るのだから、お店を開けていても客がまばらという時間帯もあるだろう。ならば思い切って、そうした時間はお店を閉じてしまおうというのだ。イタリアでは実際、午後の時間帯は休憩に入って閉じている店舗も多い。

一日の中で閉じる時間を設けるのではなく、1週間のうち決まった曜日の決まった時間のみ営業するというやり方でもよい。

ただ、いずれにしても商店街がバラバラに営業日や営業時間を定めたのでは賑わいは生まれないし、見た目もシャッター通りのようになってしまう。ならば、現在でも「日曜市」や毎月10のつく日にのみ移動販売の店舗が開く「○日市」といったイベントを行っているところがあるが、これらを参考にして商店街が一斉に行うのだ。

「○○商店街は毎週水曜日と土曜日だけ開かれる」というスタイルである。商店街が開いている曜日が定められていれば、客はその日に集中するので商店街には人出が多くなる。閉じている間の人件費を減らせる。

単に営業日を絞り込むだけでは売り上げが伸びないので、賑わいの創出も行う。たとえば、商店街の営業日を土曜とするなら、その日だけ空き店舗を無料で貸し出し、中高年の〝お店屋さんごっこ〟に利用してもらう。地方の商店街ならば商店街そのものを「日本版CCRC」（生涯活躍のまち）のようにして、「週末だけ移住者」の呼び込みにつなげるのだ。

中高年女性の中には「将来はお店を持つのが夢だった」という人も少なくない。ならば、「土曜のみ店主」となってもらい、自ら創作したアクセサリーや手芸品をフリーマーケットに出店するような感覚で販売してもらう。

商店街の一角に工房を設けて若手クリエーターの創作活動の場所として提供してもよい。商店街が開く日には、それまでに作った作品を展示・販売するのだ。

福祉施設と提携して、認知症患者のリハビリ施設として活用してもらうのも手だ。軽度の認知症の高齢者たちに駄菓子店の店番を委ねたところ、学校帰りの小学生たちと交流の輪が広がり、しかもお金を間違ってはいけないという責任感からか、高齢者たちの状態が改善したという事例もある。

従来店については、休業日のうち何日かは別の商業施設で出店販売したり、訪問販売に出掛けたりしてもよい。営業する曜日の異なる複数の商店街に出店すれば、通算して毎日どこかで開店していることにもなる。地域の特産物を全国に販売するという新規ビジネスに乗り出すのも選択肢だ。

営業日を絞ることで、いろいろなイベントの仕掛けをしやすくし、商店街としての特長を際立たせることで活性化につなげる。人口減少社会に合わせた営業スタイルを模索するときである。

「変化」があるところにチャンスあり

ここまで、少子高齢社会、人口減少社会が進む中で、個人や民間企業が「自らできること」「今からでもできること」を考え、8つのメニューとして示した。

第2部を締めくくるにあたって、少子高齢社会、人口減少社会を乗り越えていくために、個人としてどのような点に着目すべきなのか、あるいはどのような心構えが大切となるのかを考えてみたい。

読者の皆さんは年齢も職業も住んでいるところも、それぞれに異なる。メニューのすべてが当てはまるわけではないだろう。どのメニューを選ぶのも、反対に、すべてのメニューを選ばないというのもそれぞれの選択であり、強要しようというものではない。

われわれ一人ひとりはちっぽけな存在である。何かを行ったからといって劇的に効果が上がることはないかもしれない。

だが、日本の少子高齢化、人口減少は確実に進む。漫然と時間をやり過ごしたならば、この国は確実に衰退していく。その激変を少しでも和らげ、日本社会の豊かさを維持しようと思うならば、何らかのアクションを起こすしかない。

個々人・個別企業の視点に立って少子高齢社会を眺めれば、悪いことばかりではないはずだ。いつの時代も、「変化」があるところにはチャンスがあるからだ。これからの大激変は、とりわけ若い世代にとっては大きく飛躍する機会ともなり得る。

さあ、時代の変化を読み、わずかな勇気をもってこれまでの発想をぶち壊していこう。

おわりに　「豊かな日本」をつくりあげてきた〝大人たち〟へ

皆さんの力をほんの少しだけお貸し頂きたい——そんな思いを込めてリタイア世代を含め、「終身雇用」「年功序列」が当たり前だった時代の〝大人たち〟に、お願いのメッセージを届けたいと思います。

戦後70年が過ぎ、日本は世界の奇跡とも言うべき経済発展を成し遂げました。この時代を生きた国民が一丸となって、血がにじむような努力と挑戦を行ってきた結果です。ところが、この「豊かな日本」が衰退のときを迎えようとしています。戦後の経済発展の裏側で静かに進行していた少子高齢化が、社会を蝕み始めたからです。

残念ながら日本の少子化は止まりません。2017年には総人口が40万人減りましたが、2050年代には毎年90万人規模で減っていくと推計されています。

そこまで先の話をしなくとも、社会の激変は避けられません。これから10年も経たないうちに国民の3人に1人は高齢者となります。増えるのは80歳以上で、しかも独り暮らしが多数を占めるようになります。

若者が減れば自衛官や警察官、消防士といった職種も人材確保に苦労するでしょう。国防や治安、災害救助といった「社会の基盤」まで崩れてしまう可能性があるのです。

年配者の中には、年金の給付水準が若い世代と比べて高いことなどを念頭に置いて、「自分たちは〝逃げ切り世代〟だから関係ない」などと口にされる方がいらっしゃいます。決して本心からおっしゃっている言葉ではないと信じておりますが、この言葉を若い世代がどのように聞いているのか、想像されたことはありますか？

〝大人たち〟が、少子化の深刻さに気付く機会はありました。その最たるものが１９９０年の「１・５７ショック」です。前年の合計特殊出生率が丙午《ひのえうま》だった１９６６年を下回る事態となり、各メディアが大きく報じました。しかしバブル経済の熱気に浮かれていた〝大人たち〟は真剣に受け止めませんでした。もし、「１・５７ショック」に対して、もっと真剣に向き合っていたならば、現状は全く違うものになっていたことでしょう。

少子高齢社会の「惨状」は、私を含め鈍感に時を過ごしてきた〝大人たち〟の招いた結果です。「次の世代」は生まれたときから厳しい少子高齢社会にあります。〝大人たち〟のツケを払わされるだけでは、「やっていられない」でしょう。「逃げ切り世代だから」と無関心を装い、「後のことは次の世代に任せた」というのは、無責任に過ぎます。

実際には、「逃げ切り世代だ」とおっしゃっている皆さんも、人口減少や少子高齢化から逃げ切ることなどできません。

若い世代が減れば、介護や生活支援が必要なときに支えてくれる人がいなくなります。しかも、〝大人たち〟は若者の雇用を壊し、非正規雇用を増やし続けてきました。2040年頃になると就職氷河期世代が高齢者となりますが、これに続く世代にも非正規雇用は広がっています。それは無年金・低年金者が増えるということです。

彼らの多くは現在、親などからの支援で暮らしていますが、いつかは頼れなくなります。生活に困窮する人が社会に溢れたらどうなるでしょう。こうした人々の老後の生活費をすべて税金で賄おうとすれば、多額の予算を要します。そんな時代の到来を許せば、逃げ切ったはずの世代も税負担が求められるようになるでしょう。

少子高齢化、人口減少に伴う社会の激変に対し、個人ができることは限られます。ですが、何もしないわけにはまいりません。すべての世代が意識を変え、何らかの形で人口減少社会に立ち向かわなければなりません。

高齢者の就業が期待されます。もちろん強要するつもりはありませんが、「働けるうちは働く」という意識を持ってみませんか？

地域においては、高齢者同士の助け合いが避けられません。これまでと同じような発想で政府や自治体、若い世代を当てにし、頼ることはできません。若い人には若い人にしかできない仕事を任せ、高齢者でもできる仕事は自分たちでやるしかないのです。

人口が大きく減り始めた地方においては、地区ごとで集まり住むことが不可避となってきます。先祖代々の家を離れるというのは大変なことです。大きな仏壇のある山間地の高齢者宅を訪れた際、「亡くなった夫も、先祖もこの家にいる」とおっしゃっていた女性の言葉はその通りだと思いました。

しかし、ある程度合理的に人々が住むようにしなければ、社会は成り立たないほどに少子化は進んでしまったのです。

県庁所在地の中心部への移住を、と言っているわけではありません。せめて、すぐ自宅に帰れるぐらいの距離にみんなが集まり住む場所をつくることはできないものでしょうか？

これまでのやり方ではこの「国難」を乗り切ることはできません。次代の子供たちが背負う荷物を少しでも軽くすることが、少子化の危機を見過ごし、十分な対策を講じてこなかった今の〝大人たち〟の責務です。

次代に「豊かな日本」を引き渡していくために、ほんの少しの勇気と覚悟をもって、一緒に行動を起こしていきましょう。

結びにかえて

講演で全国を歩いていて感じるのは、熱心に耳を傾けて下さる方が目に見えて増えたことである。「他にどんなことが起こるか、もっと教えて下さい」、『未来の年表』の続編を早く書いてください」といった大変ありがたいリクエストを数多く頂いた。

一方で、いまだこの問題に安閑としている人は少なくない。あるシンポジウムでは、地域の経済団体幹部が、いつ完成するか分からない重厚長大な開発計画を得意げに披露していた。残念ながら、合計特殊出生率が「2・07」を割っている現状においては、日本の人口は縮んでゆく。これまでのやり方や、成功体験にしがみつき続けようとしても、そのすべてが、どこかで行き詰まる。われわれは、価値観を切り替えるしかない。

一刻も早く、人口減少時代に即した社会へと作り替えなければならない。そんなときに、進む道を誤ったのでは、日本はいよいよ「持ち時間」を減らす。

社会の作り替えに向けて、私が新たにできることが何かないかと思案してみたが、やはり人口減少社会で起こる〝不都合な真実〟を描き続けることが、現在の私に与えられた最も適切な使命であると改めて思い直した。

そうした私の危機感を汲んで、講談社現代新書の米沢勇基さんが、「今度は、個人の身の回りでこれから起きることを書きませんか？」と声をかけて下さった。米沢さんは前著『未来の年表』を担当してくださった若き辣腕編集者だ。

「『未来の年表』には、どちらかといえば政府や自治体が取り組むべきことが書かれていた。個人や企業のレベルで今からできることを読者は知りたがっています」というのが米沢さんからのアドバイスであった。こうして前著に続き、青木肇編集長を含めた〝未来トリオ〟が結成されたのである。

米沢さんの言葉を聞いて真っ先に思い出したのが、本書の「はじめに」で取り上げた女性会社員の言葉であった。人口減少問題に関しては、個々ができることはたかが知れている。かといって政治家や官僚に任せっきりでは事態は好転しない。国民の小さな取り組みが「このままでは日本は衰退してしまう」という世論となって盛り上がり、政治を動かしていくのが王道だといえよう。

書店にはさまざまな未来を予測した著作が数多く並んでいる。ただ、その多くは人口動態の変化とは無関係であり、著者の願望や目標、意気込みを綴った著作だ。

本書は前著と同様に、人口動態の変化に伴う未来予測に絞り込んだ。あくまでデータを積み上げ、少子高齢社会とはどのような社会で、何が起こりうるのかを予測した。老後の資産をどう増やすかなどを説いたハウツー本とは異なる。

もちろん膨大なデータをすべて引っ張り出すわけにはいかない。取り上げたのはほんの一握りに過ぎない。ただ、本書の「未来図」を読むだけでも、日本で起こるであろうことについてのイメージはかなり膨らむはずだ。また、個人や民間企業ができる対応策をメニューとして掲げた。紙幅と時間の制限があり、すべてを網羅できたわけではない。今後の状況の変化に応じて、さらに言及していくつもりだ。

「個人や民間企業ができることなど、たかが知れている」という意見もあろう。だが、「雨垂れ石を穿《うが》つ」ともいう。私は小さな取り組みを多くの国民が積み重ねていくことこそが、「人口減少カレンダー」の書き換えにつながると信じている。

少子高齢化や人口減少の克服に〝魔法の杖〟は存在しないが、できることはまだたくさん残っているはずだ。備えておいたほうがよいこともある。本書をベースにそれぞれが身近に起こることを想像して頂けたらと思う。

最後になったが、本書の編集を担当してくれた講談社現代新書の米沢さん、そして本書のデータ調べをお手伝い頂いた安部次郎さんに深謝申し上げる。安部さんは私がお願いした資料の下調べについて、迅速かつ的確に応えてくださった。おふたりの助言と協力なくして、本書の誕生はあり得なかった。そして、私を支え続けてくれている家族と、癒やしを与えてくれるペットの猫に、感謝を込めて本書を捧げる。

講談社現代新書　2475

未来《みらい》の年表《ねんぴょう》2　人口《じんこう》減少《げんしょう》日本《にほん》であなたに起《お》きること

二〇一八年五月二〇日第一刷発行　二〇一八年六月七日第四刷発行

著者　河合雅司《かわいまさし》

発行者　渡瀬昌彦
発行所　株式会社講談社
東京都文京区音羽二丁目一二―二一　郵便番号一一二―八〇〇一
電話　〇三―五三九五―三五二一　編集（現代新書）
〇三―五三九五―四四一五　販売
〇三―五三九五―三六一五　業務
装幀者　中島英樹
印刷所　凸版印刷株式会社　図表製作　株式会社アトリエ・プラン
製本所　株式会社国宝社
定価はカバーに表示してあります　Printed in Japan

N.D.C. 334.3　238p　18cm
ISBN978-4-06-511768-2

「講談社現代新書」の刊行にあたって

教養は万人が身をもって養い創造すべきものであって、一部の専門家の占有物として、ただ一方的に人々の手もとに配布され伝達されうるものではありません。

しかし、不幸にしてわが国の現状では、教養の重要な養いとなるべき書物は、ほとんど講壇からの天下りや単なる解説に終始し、知識技術を真剣に希求する青少年・学生・一般民衆の根本的な疑問や興味は、けっして十分に答えられ、解きほぐされ、手引きされることがありません。万人の内奥から発した真正の教養への芽ばえが、こうして放置され、むなしく滅びさる運命にゆだねられているのです。

このことは、中・高校だけで教育をおわる人々の成長をはばんでいるだけでなく、大学に進んだり、インテリと目されたりする人々の精神力の健康さえもむしばみ、わが国の文化の実質をまことに脆弱なものにしています。単なる博識以上の根強い思索力・判断力、および確かな技術にささえられた教養を必要とする日本の将来にとって、これは真剣に憂慮されなければならない事態であるといわなければなりません。

わたしたちの「講談社現代新書」は、この事態の克服を意図して計画されたものです。これによってわたしたちは、講壇からの天下りでもなく、単なる解説書でもない、もっぱら万人の魂に生ずる初発的かつ根本的な問題をとらえ、掘り起こし、手引きし、しかも最新の知識への展望を万人に確立させる書物を、新しく世の中に送り出したいと念願しています。

わたしたちは、創業以来民衆を対象とする啓蒙の仕事に専心してきた講談社にとって、これこそもっともふさわしい課題であり、伝統ある出版社としての義務でもあると考えているのです。

一九六四年四月　野間省一